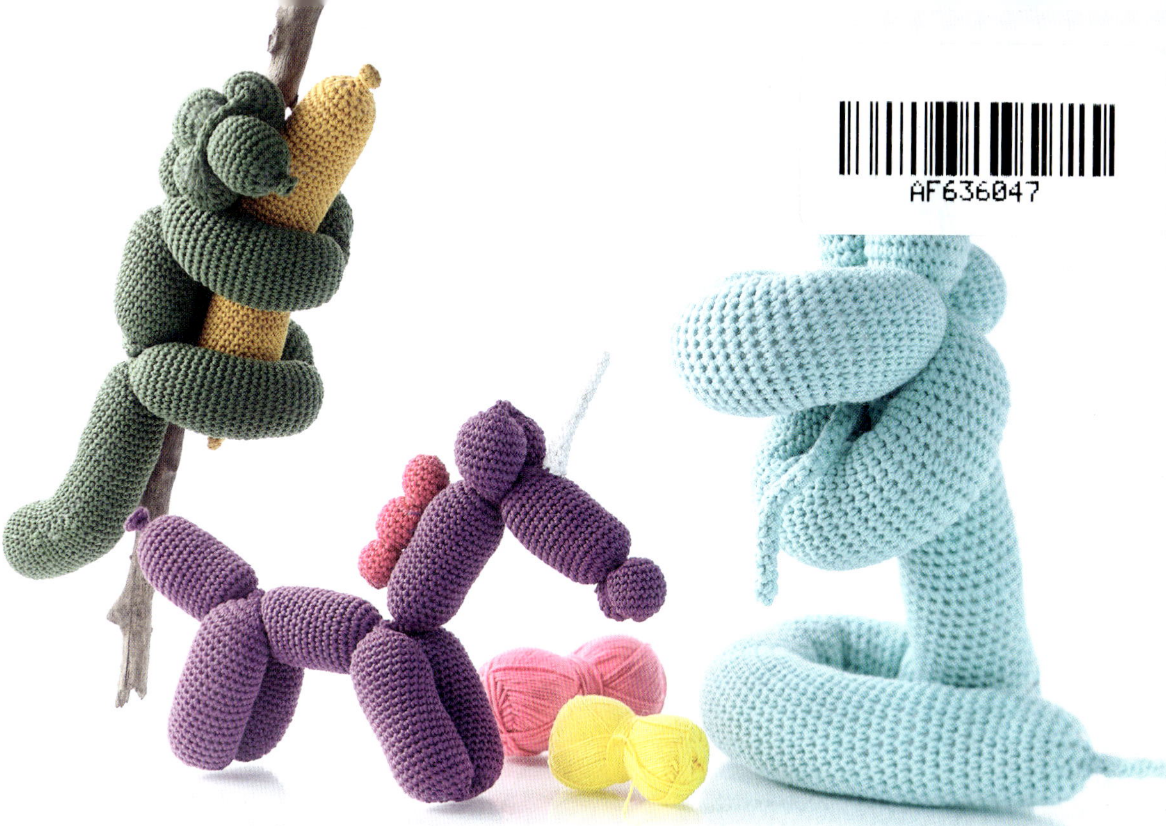

AF636047

Diese witzigen Häkelfiguren sind ein echter Hingucker unter den Kuscheltieren. Schnell gehäkelt und cool geknotet erobern sie kleine und große Herzen im Nu. In Anlehnung an die beliebten Luftballontiere und an den berühmten Balloon-Dog von Jeff Koons entstehen aus einfachen Grundmaschen richtige Häkel-Kunstwerke. Zunächst als simple Schläuche gehäkelt, dann mit einfachen Verknotungen zusammengesetzt, werden sie wie durch Zauberhand zum Leben erweckt.

Häkeln, knoten, kuscheln wird hier ganz schnell zur neuen Lieblingsbeschäftigung.

Wer noch ein wenig Hilfe beim richtigen Zusammensetzen der Figuren benötigt, wird bei den Knot-Tutorials und Videos zu den einzelnen Figuren bestimmt fündig und kann sich bald über sein eigenes gehäkeltes Luftballontier freuen.

Jennifer Stiller

Grundanleitungs-Videos in der TOPP Digitalen Bibliothek online

Die Videos für den perfekten Einstieg findest du in deiner Digitalen Bibliothek: www.topp-kreativ.de/digibib
Den Freischaltcode findest du im Impressum.

Freundlicher Hund

DER BESTE FREUND DES MENSCHEN

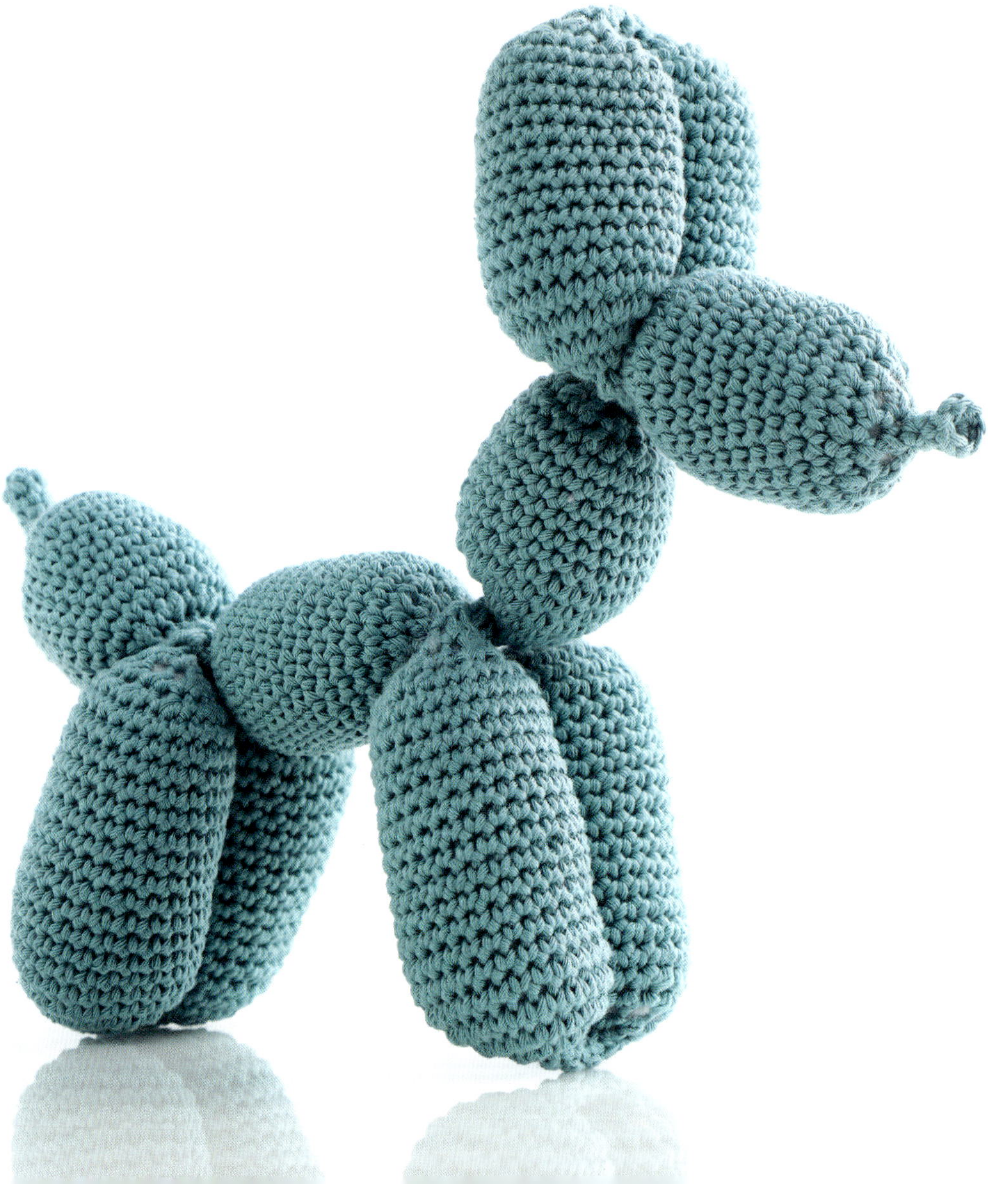

SCHWIERIGKEIT 1

GRÖSSE
33 cm x 23 cm

MATERIAL
Schachenmayr
Catania Grande
(LL 63 m/50 g) in
Aquarelle (Fb 3383),
200 g
Häkelnadel 4,0 mm
Füllwatte
Wollnadel ohne Spitze
ggf. Draht

MASCHENPROBE
fM mit Häkelnd 4,0 mm
18 M und 20 Rd
= 10 cm x 10 cm

ANLEITUNG

Alle Elemente und Zwischenstücke werden durchgängig, d. h. ohne den Faden zu trennen, gehäkelt und ausgestopft. Zur besseren Übersicht sind die Runden der einzelnen Teile aber trotzdem durchnummeriert.

SCHWANZSPITZE

Einen Magic-Ring anfertigen und weiter in Spiral-Rd häkeln.
1. Rd: 4 fM in den Ring häkeln (= 4 M).
2.-6. Rd: Jeweils 4 fM häkeln.

SCHWANZ

1. Rd: Jede fM verdoppeln (= 8 M).
2. Rd: Jede fM verdoppeln (= 16 M).
3. Rd: * 1 fM, 1 fM verdoppeln, ab * noch 7x wdh (= 24 M).
4.-12. Rd: Jeweils 24 fM häkeln.
13. Rd: * 1 fM, 2 fM zusammen abmaschen, ab * noch 7x wdh (= 16 M).
Den Schwanz mit Watte ausstopfen.
14. Rd: Immer 2 fM zusammen abmaschen (= 8 M).
15. Rd: Immer 2 fM zusammen abmaschen (= 4 M).

1. ZWISCHENSTÜCK

1.-3. Rd: Jeweils 4 fM häkeln.

1. BEIN

1. Rd: Jede fM verdoppeln (= 8 M).
2. Rd: Jede fM verdoppeln (= 16 M).
3. Rd: * 1 fM, 1 fM verdoppeln, ab * noch 7x wdh (= 24 M).
4.-18. Rd: Jeweils 24 fM häkeln.
19. Rd: * 1 fM, 2 fM zusammen abmaschen, ab * noch 7x wdh (= 16 M).
Das Bein mit Watte ausstopfen.
20. Rd: Immer 2 fM zusammen abmaschen (= 8 M).
21. Rd: Immer 2 fM zusammen abmaschen (= 4 M).

2. ZWISCHENSTÜCK

1.-3. Rd: Jeweils 4 fM häkeln.

2. BEIN

Das 2. Bein wie das 1. Bein häkeln.

3. ZWISCHENSTÜCK

1.-3. Rd: Jeweils 4 fM häkeln.

KÖRPER

1. Rd: Jede fM verdoppeln (= 8 M).
2. Rd: Jede fM verdoppeln (= 16 M).
3. Rd: * 1 fM, 1 fM verdoppeln, ab * noch 7x wdh (= 24 M).
4.-15. Rd: Jeweils 24 fM häkeln.
16. Rd: * 1 fM, 2 fM zusammen abmaschen, ab * noch 7x wdh (= 16 M).
Den Körper mit Watte ausstopfen.
17. Rd: Immer 2 fM zusammen abmaschen (= 8 M).
18. Rd: Immer 2 fM zusammen abmaschen (= 4 M).

4. ZWISCHENSTÜCK

1.-3. Rd: Jeweils 4 fM häkeln.

3. BEIN

Das 3. Bein wie das 1. Bein häkeln.

5. ZWISCHENSTÜCK

1.-3. Rd: Jeweils 4 fM häkeln.

4. BEIN
Das 4. Bein wie das 1. Bein häkeln.

6. ZWISCHENSTÜCK
1.-3. Rd: Jeweils 4 fM häkeln.

HALS
1. Rd: Jede fM verdoppeln (= 8 M).
2. Rd: Jede fM verdoppeln (= 16 M).
3. Rd: * 1 fM, 1 fM verdoppeln, ab * noch 7x wdh (= 24 M).
4.-12. Rd: Jeweils 24 fM häkeln.
13. Rd: * 1 fM, 2 fM zusammen abmaschen, ab * noch 7x wdh (= 16 M).
Den Hals mit Watte ausstopfen.
14. Rd: Immer 2 fM zusammen abmaschen (= 8 M).
15. Rd: Immer 2 fM zusammen abmaschen (= 4 M).

7. ZWISCHENSTÜCK
1.-3. Rd: Jeweils 4 fM häkeln.

1. OHR
1. Rd: Jede fM verdoppeln (= 8 M).
2. Rd: Jede fM verdoppeln (= 16 M).
3. Rd: * 1 fM, 1 fM verdoppeln, ab * noch 7x wdh (= 24 M).
4.-15. Rd: Jeweils 24 fM häkeln.
16. Rd: * 1 fM, 2 fM zusammen abmaschen, ab * noch 7x wdh (= 16 M).
Das Ohr mit Watte ausstopfen.
17. Rd: Immer 2 fM zusammen abmaschen (= 8 M).
18. Rd: Immer 2 fM zusammen abmaschen (= 4 M).

8. ZWISCHENSTÜCK
1.-3. Rd: Jeweils 4 fM häkeln.

2. OHR
Das 2. Ohr wie das 1. Ohr häkeln.

9. ZWISCHENSTÜCK
1.-3. Rd: Jeweils 4 fM häkeln.

KOPF
1. Rd: Jede fM verdoppeln (= 8 M).
2. Rd: Jede fM verdoppeln (= 16 M).
3. Rd: * 1 fM, 1 fM verdoppeln, ab * noch 7x wdh (= 24 M).
4.-13. Rd: Jeweils 24 fM häkeln.
14. Rd: * 1 fM, 2 fM zusammen abmaschen, ab * noch 7x wdh (= 16 M).
Den Kopf mit Watte ausstopfen.
15. Rd: Immer 2 fM zusammen abmaschen (= 8 M).
16. Rd: Immer 2 fM zusammen abmaschen (= 4 M).

SCHNAUZE
1.-2. Rd: Jeweils 4 fM häkeln.
3. Rd: Jede fM verdoppeln (= 8 M).
Mit 1 Km in die folgende M schließen. Den Faden abschneiden, durchziehen und vernähen.

FERTIGSTELLEN
Alle Fäden vernähen. Für die Hinterbeine das 1. und 3. Zwischenstück übereinanderlegen und um 180° miteinander verdrehen. Den Schwanz durch die Beine stecken. Dann für die Vorderbeine das 4. und 6. Zwischenstück übereinanderlegen, miteinander verdrehen und Hals, Ohren und Kopf durch die Beine ziehen. Zum Schluss für die Ohren das 7. und 9. Zwischenstück übereinanderlegen, miteinander verdrehen und den Kopf durchstecken. Ggf. einzelne Elemente mit einigen Stichen miteinander fixieren, damit die Figur mehr Stabilität bekommt. Zusätzlich kann man die Form von innen mit Draht verstärken.

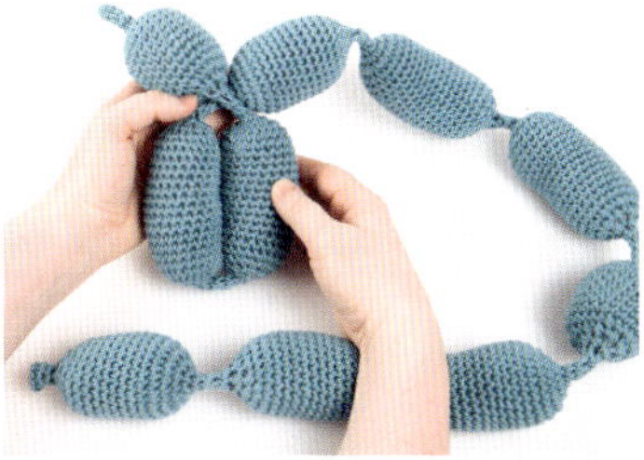

1 Die Hinterbeine nebeneinanderlegen und das 1. und 3. Zwischenstück übereinanderlegen und um 180° miteinander verdrehen.

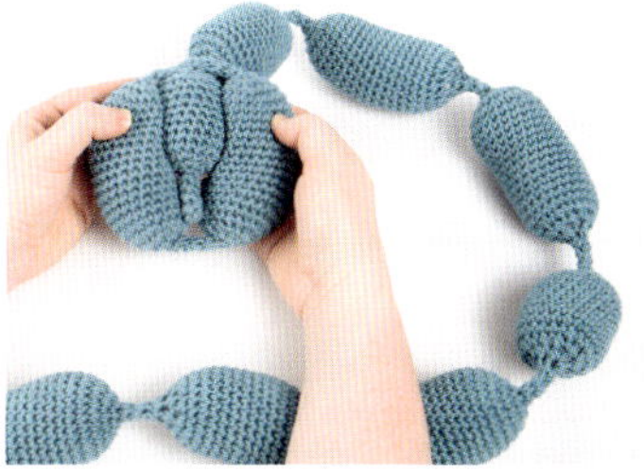

2 Den Schwanz durch die Beine stecken.

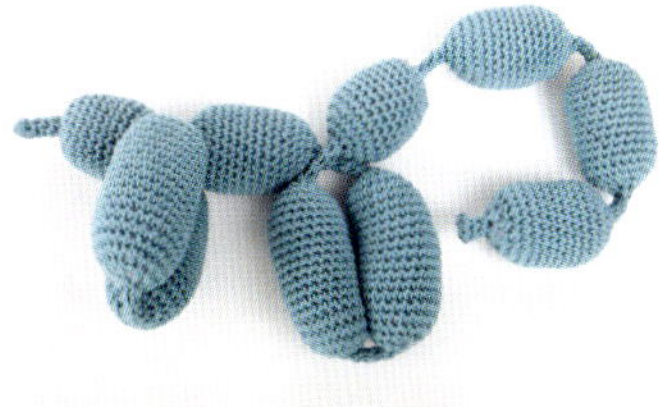

3 Für die Vorderbeine das 4. und 6. Zwischenstück übereinanderlegen und um 180° miteinander verdehen.

RICHTIG KNOTEN

SCHAU ES DIR AN!

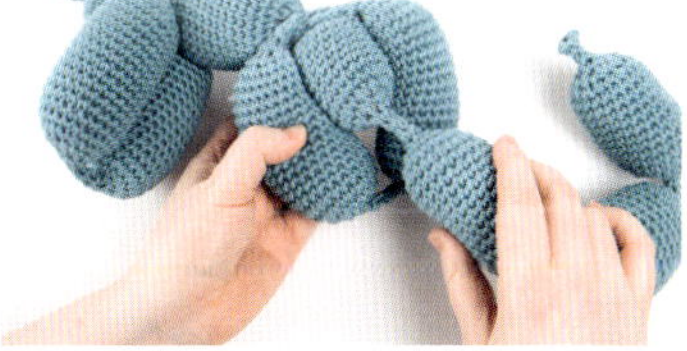

4 Als nächstes Hals, Ohren und Kopf durch die Beine ziehen.

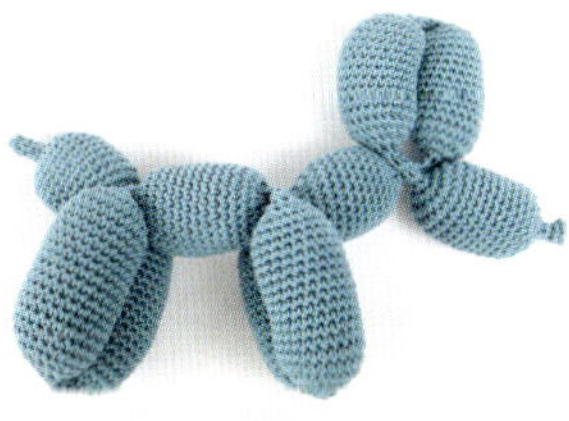

5 Zum Schluss für die Ohren das 7. und 9. Zwischenstück übereinanderlegen und um 180° miteinander verdrehen.

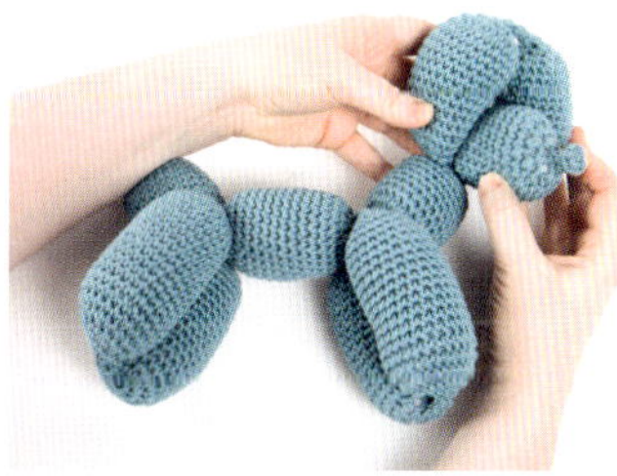

6 Den Kopf von hinten nach vorne durch die Ohren schieben.

Tipp: Für mehr Stabilität ggf. einzelne Elemente miteinander vernähen und so fixieren.

Kuscheliger Dackel

KURZE BEINE MIT GROSSEM HERZ

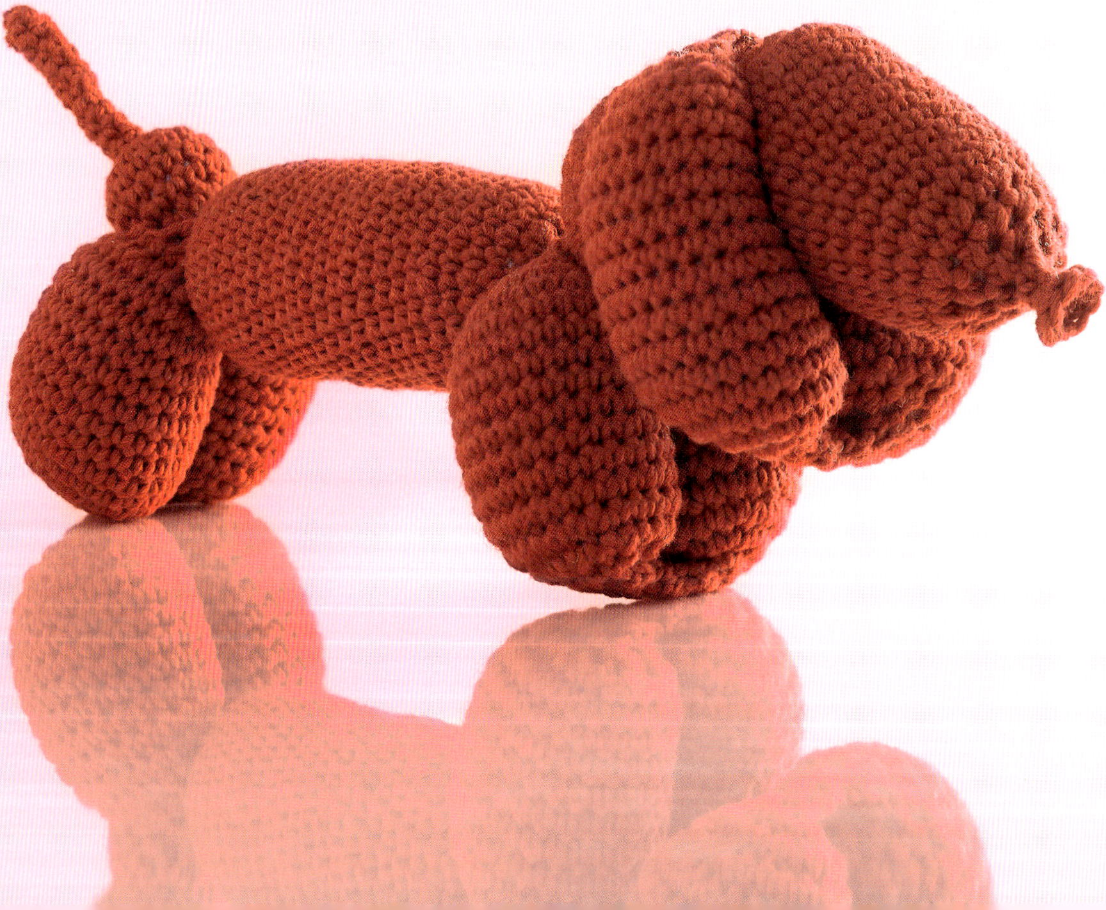

SCHWIERIGKEIT 1

GRÖSSE
50 cm x 19 cm

MATERIAL
Schachenmayr Boston (LL 55 m/50 g) in Weinrot (Fb 31), 250 g
Häkelnadel 6,0 mm
Füllwatte
Wollnadel ohne Spitze
ggf. Draht

MASCHENPROBE
fM mit Häkelnd 6,0 mm
13 M und 13 Rd
= 10 cm x 10 cm

ANLEITUNG

Alle Elemente und Zwischenstücke werden durchgängig, d. h. ohne den Faden zu trennen, gehäkelt und ausgestopft. Zur besseren Übersicht sind die Runden der einzelnen Teile aber trotzdem durchnummeriert.

Hinweis: Hier wurde eine kleinere Nadelstärke verwendet, damit das Maschenbild schön fest wird.

SCHWANZSPITZE

Einen Magic-Ring anfertigen und wie folgt in Spiral-Rd arb.
1. Rd: 4 fM in den Ring häkeln (= 4 M).
2.-12. Rd: Jeweils 4 fM häkeln.

SCHWANZ

1. Rd: Jede fM verdoppeln (= 8 M).
2. Rd: Jede fM verdoppeln (= 16 M).
3.-6. Rd: Jeweils 16 fM häkeln.
7. Rd: Immer 2 fM zusammen abmaschen (= 8 M).
Den Schwanz mit Watte ausstopfen.
8. Rd: Immer 2 fM zusammen abmaschen (= 4 M).

1. ZWISCHENSTÜCK

1.-3. Rd: Jeweils 4 fM häkeln.

1. BEIN

1. Rd: Jede fM verdoppeln (= 8 M).
2. Rd: Jede fM verdoppeln (= 16 M).
3. Rd: * 1 fM, 1 fM verdoppeln, ab * noch 7x wdh (= 24 M).
4.-12. Rd: Jeweils 24 fM häkeln.
13. Rd: * 1 fM, 2 fM zusammen abmaschen, ab * noch 7x wdh (= 16 M).
Das Bein mit Watte ausstopfen.
14. Rd: Immer 2 fM zusammen abmaschen (= 8 M).
15. Rd: Immer 2 fM zusammen abmaschen (= 4 M).

2. ZWISCHENSTÜCK

1.-3. Rd: Jeweils 4 fM häkeln.

2. BEIN

Das 2. Bein wie das 1. Bein häkeln.

3. ZWISCHENSTÜCK

1.-3. Rd: Jeweils 4 fM häkeln.

KÖRPER

1. Rd: Jede fM verdoppeln (= 8 M).
2. Rd: Jede fM verdoppeln (= 16 M).
3. Rd: * 1 fM, 1 fM verdoppeln, ab * noch 7x wdh (= 24 M).
4.-25. Rd: Jeweils 24 fM häkeln.
26. Rd: * 1 fM, 2 fM zusammen abmaschen, ab * noch 7x wdh (= 16 M).
Den Körper mit Watte ausstopfen.
27. Rd: Immer 2 fM zusammen abmaschen (= 8 M).
28. Rd: Immer 2 fM zusammen abmaschen (= 4 M).

4. ZWISCHENSTÜCK

1.-3. Rd: Jeweils 4 fM häkeln.

3. BEIN

Das 3. Bein wie das 1. Bein häkeln.

5. ZWISCHENSTÜCK

1.-3. Rd: Jeweils 4 fM häkeln.

4. BEIN
Das 4. Bein wie das 1. Bein häkeln.

6. ZWISCHENSTÜCK
1.-3. Rd: Jeweils 4 fM häkeln.

HALS
1. Rd: Jede fM verdoppeln (= 8 M).
2. Rd: Jede fM verdoppeln (= 16 M).
3. Rd: * 1 fM, 1 fM verdoppeln, ab * noch 7x wdh (= 24 M).
4.-8. Rd: Jeweils 24 fM häkeln.
9. Rd: * 1 fM, 2 fM zusammen abmaschen, ab * noch 7x wdh (= 16 M).
Den Hals mit Watte ausstopfen.
10. Rd: Immer 2 fM zusammen abmaschen (= 8 M).
11. Rd: Immer 2 fM zusammen abmaschen (= 4 M).

7. ZWISCHENSTÜCK
1.-3. Rd: Jeweils 4 fM häkeln.

1. OHR
1. Rd: Jede fM verdoppeln (= 8 M).
2. Rd: Jede fM verdoppeln (= 16 M).
3. Rd: * 1 fM, 1 fM verdoppeln, ab * noch 7x wdh (= 24 M).
4.-15. Rd: Jeweils 24 fM häkeln.
16. Rd: * 1 fM, 2 fM zusammen abmaschen, ab * noch 7x wdh (= 16 M).
Das Ohr nur leicht mit Watte ausstopfen, so dass es weich wird.
17. Rd: Immer 2 fM zusammen abmaschen (= 8 M).
18. Rd: Immer 2 fM zusammen abmaschen (= 4 M).

8. ZWISCHENSTÜCK
1.-3. Rd: Jeweils 4 fM häkeln.

2. OHR
Das 2. Ohr wie das 1. Ohr häkeln.

9. ZWISCHENSTÜCK
1.-3. Rd: Jeweils 4 fM häkeln.

KOPF
1. Rd: Jede fM verdoppeln (= 8 M).
2. Rd: Jede fM verdoppeln (= 16 M).
3. Rd: * 1 fM, 1 fM verdoppeln, ab * noch 7x wdh (= 24 M).
4.-15. Rd: Jeweils 24 fM häkeln.
16. Rd: * 1 fM, 2 fM zusammen abmaschen, ab * noch 7x wdh (= 16 M).
Den Kopf mit Watte ausstopfen.
17. Rd: Immer 2 fM zusammen abmaschen (= 8 M).
18. Rd: Immer 2 fM zusammen abmaschen (= 4 M).

SCHNAUZE
1.-2. Rd: Jeweils 4 fM häkeln.
3. Rd: Jede fM verdoppeln (= 8 M).
Mit 1 Km in die folgende M schließen. Den Faden abschneiden, durchziehen und vernähen.

FERTIGSTELLEN
Alle Fäden vernähen. Für die Hinterbeine das 1. und 3. Zwischenstück übereinanderlegen und um 180° miteinander verdrehen. Den Schwanz durch die Beine stecken. Dann für die Vorderbeine das 4. und 6. Zwischenstück übereinanderlegen, miteinander verdrehen und Hals, Ohren und Kopf durch die Beine ziehen. Zum Schluss für die Ohren das 7. und 9. Zwischenstück übereinanderlegen, miteinander verdrehen und den Kopf durchstecken. Ggf. einzelne Elemente mit einigen Stichen miteinander fixieren, damit die Figur mehr Stabilität bekommt. Zusätzlich kann man die Form von innen mit Draht verstärken.

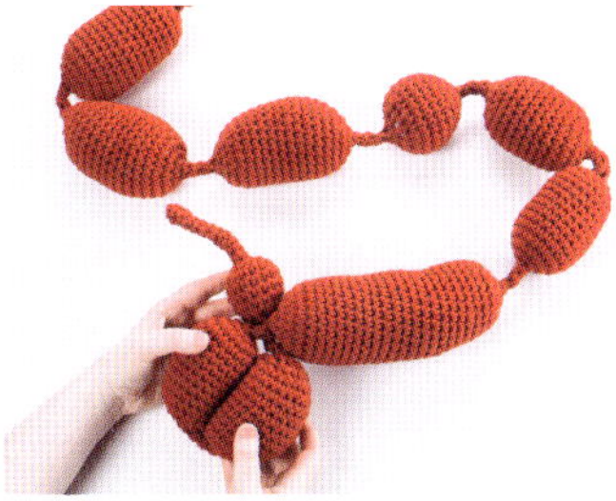

1 Die Hinterbeine nebeneinanderlegen und das 1. und 3. Zwischenstück übereinanderlegen und um 180° miteinander verdrehen.

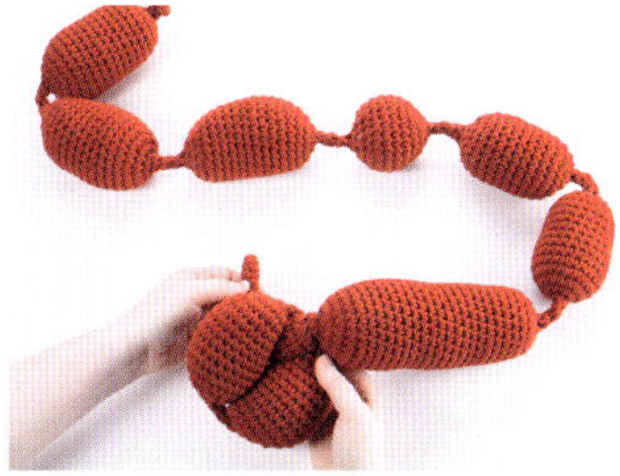

2 Den Schwanz durch die Beine stecken.

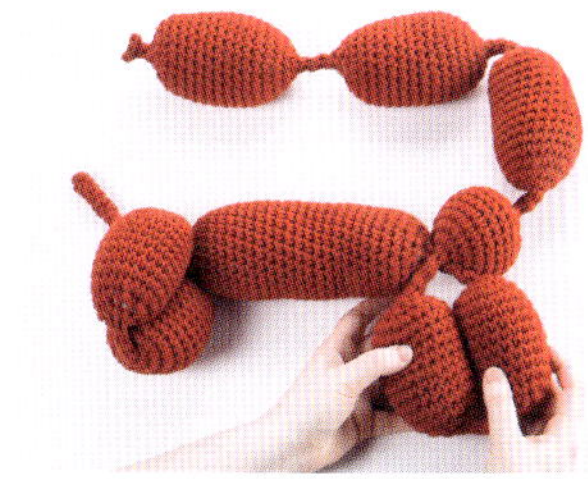

3 Für die Vorderbeine das 4.und 6. Zwischenstück übereinanderlegen und um 180° miteinander verdrehen.

RICHTIG KNOTEN

SCHAU ES DIR AN!

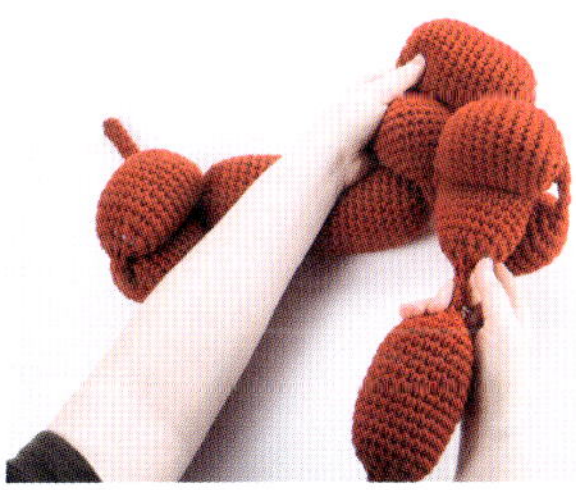

4 Als nächstes Hals, Ohren und Kopf durch die Beine ziehen.

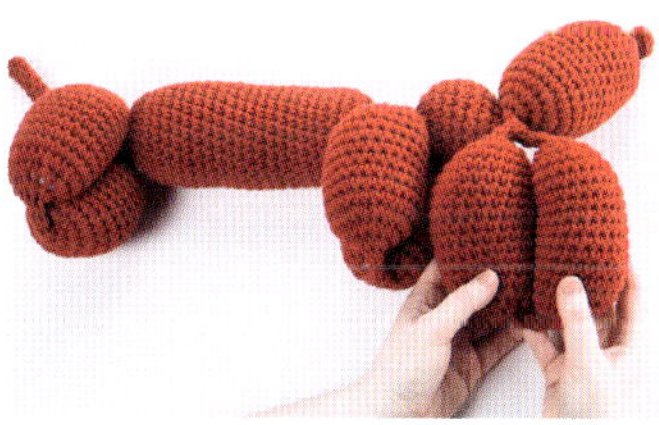

5 Jetzt das 7. und 9. Zwischenstück übereinanderlegen und um 180° miteinander verdrehen.

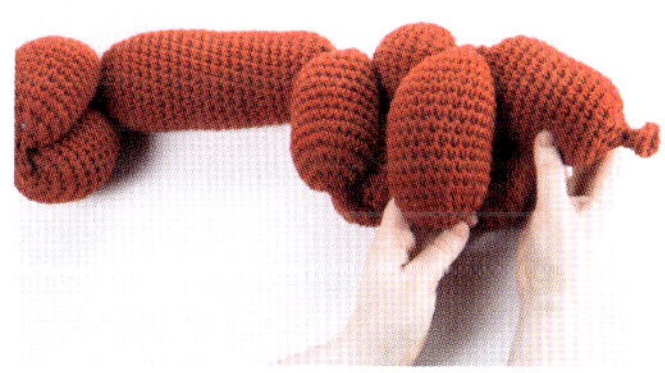

6 Den Kopf von hinten nach vorne durch die Ohren schieben. Für mehr Stabilität ggf. einzelne Elemente miteinander vernähen und so fixieren.

Stolzer Schwan

ELEGANZ AUF DEM SOFA

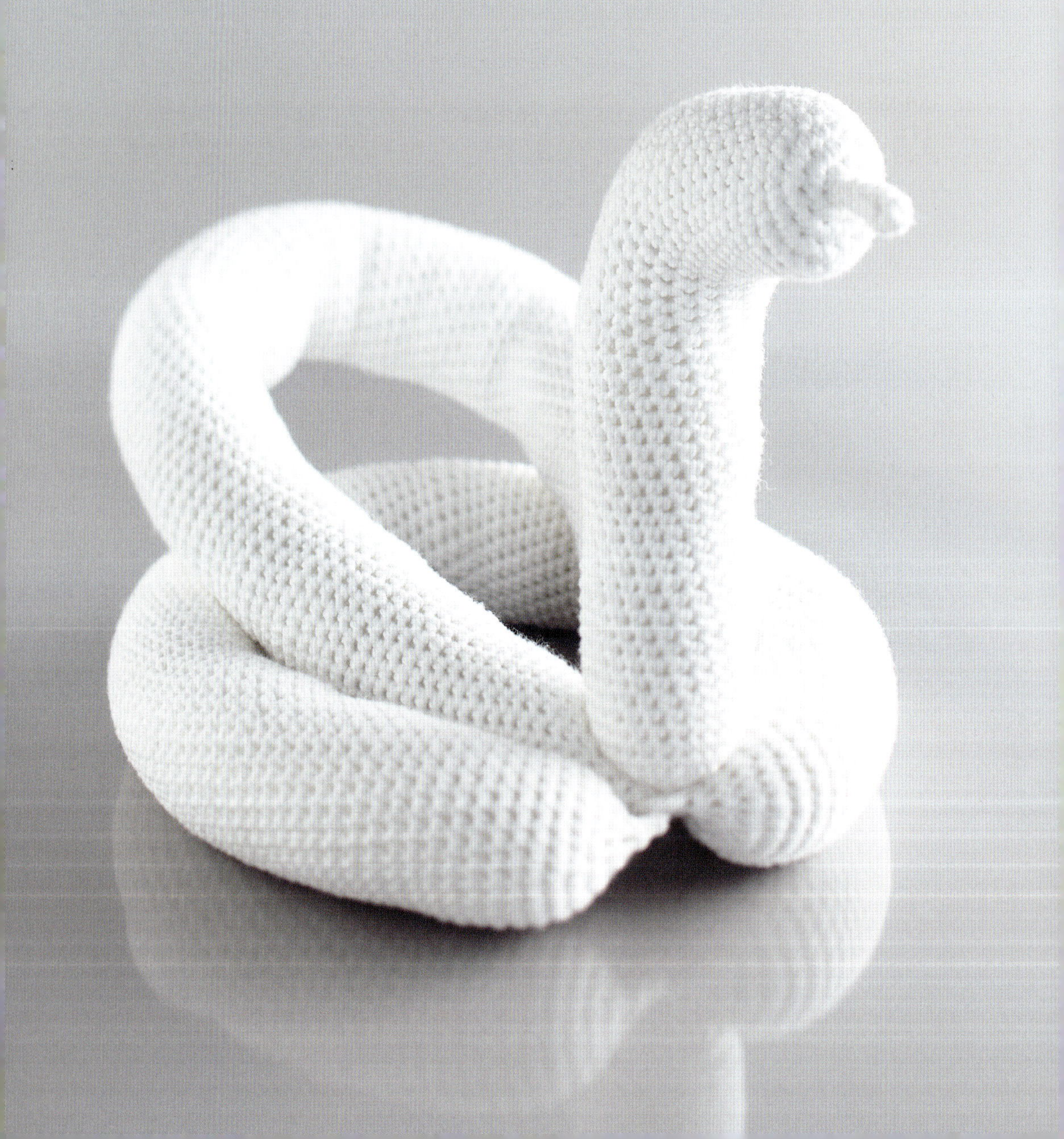

SCHWIERIGKEIT 2

GRÖSSE
30 cm x 26 cm

MATERIAL
Woll Butt Schulgarn Uni (LL 115 m/50 g) in Weiß (Fb 24076), 150 g
Häkelnadel 3,0 mm
ggf. Maschenmarkierer
Füllwatte
Wollnadel ohne Spitze
ggf. Draht

MASCHENPROBE
fM mit Häkelnd 3,0 mm
23 M und 24 Rd
= 10 cm x 10 cm

ANLEITUNG

Alle Elemente und Zwischenstücke werden durchgängig, d. h. ohne den Faden zu trennen, gehäkelt und ausgestopft. Zur besseren Übersicht sind die Runden der einzelnen Teile aber trotzdem durchnummeriert.

SCHNABEL, KOPF UND HALS

Einen Magic-Ring anfertigen und weiter in Spiral-Rd häkeln.
1. Rd: 4 fM in den Ring häkeln (= 4 M).
2.-7. Rd: Jeweils 4 fM häkeln.
8. Rd: Jede fM verdoppeln (= 8 M).
9. Rd: Jede fM verdoppeln (= 16 M).
10. Rd: * 1 fM, 1 fM verdoppeln, ab * noch 7x wdh (= 24 M).
11.-20. Rd: Jeweils 24 fM häkeln.
21. Rd: 18 fM häkeln. Wer mag, kann nach 6 M einen M-Markierer setzen. Die Arbeit wenden und 12 fM zurückhäkeln, erneut wenden und weitere 12 fM häkeln. Weiter 6 fM auf der ursprünglichen Rd bis zum Rd-Ende häkeln, dabei die entstandene Kante locker übergehen (= 24 M).
22. Rd: 24 fM häkeln, dabei die beiden entstandenen Kanten locker übergehen.
23.-28. Rd: Die 21. und 22. Rd noch 3x wdh.
Den Kopf mit Watte ausstopfen.
29.-53. Rd: Jeweils 24 fM häkeln.
Den Hals nach und nach mit Watte ausstopfen.
54. Rd: * 1 fM, 2 fM zusammen abmaschen, ab * noch 7x wdh (= 16 M).
Den Hals weiter mit Watte ausstopfen.
55. Rd: Immer 2 fM zusammen abmaschen (= 8 M).
56. Rd: Immer 2 fM zusammen abmaschen (= 4 M).

1. ZWISCHENSTÜCK

1.-3. Rd: Jeweils 4 fM häkeln.

KÖRPER

1. Rd: Jede fM verdoppeln (= 8 M).
2. Rd: Jede fM verdoppeln (= 16 M).
3. Rd: * 1 fM, 1 fM verdoppeln, ab * noch 7x wdh (= 24 M).
4.-123. Rd: Jeweils 24 fM häkeln.
Den Körper nach und nach mit Watte ausstopfen.
124. Rd: * 1 fM, 2 fM zusammen abmaschen, ab * noch 7x wdh (= 16 M).
125. Rd: Immer 2 fM zusammen abmaschen (= 8 M).
126. Rd: Immer 2 fM zusammen abmaschen (= 4 M).

2. ZWISCHENSTÜCK

1.-3. Rd: Jeweils 4 fM häkeln.

FLÜGEL

1. Rd: Jede fM verdoppeln (= 8 M).
2. Rd: Jede fM verdoppeln (= 16 M).
3. Rd: * 1 fM, 1 fM verdoppeln, ab * noch 7x wdh (= 24 M).
4.-123. Rd: Jeweils 24 fM häkeln.
Die Flügel nach und nach mit Watte ausstopfen.
124. Rd: * 1 fM, 2 fM zusammen abmaschen, ab * noch 7x wdh (= 16 M).
125. Rd: Immer 2 fM zusammen abmaschen (= 8 M).
126. Rd: Immer 2 fM zusammen abmaschen (= 4 M).

ENDSTÜCK

1.-3. Rd: Jeweils 4 fM häkeln. Mit 1 Km in die folgende M schließen. Den Faden lang abschneiden und durchziehen.

FERTIGSTELLEN

Das 1. und 2. Zwischenstück um 180° miteinander verdrehen. Den Kopf durch den Körper stecken. Dann den Flügel zu einem Oval legen und das Endstück am Knotenpunkt von Körper und Hals festnähen. Nun die Flügel von unten durch den Körper stecken, so dass die Flügel zwischen dem Körper klemmen. Alle Fäden vernähen. Zusätzlich kann man die Form von innen mit Draht verstärken.

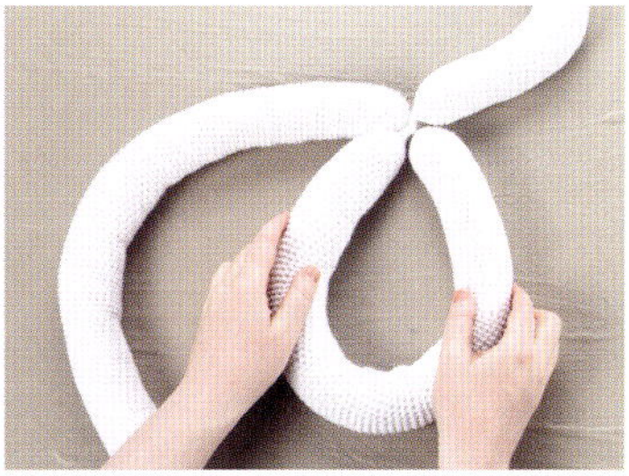

1 Schnabel, Kopf und Hals mit dem Körper an dem 1. und 2. Zwischenstück übereinanderlegen und um 180° miteinander verdrehen.

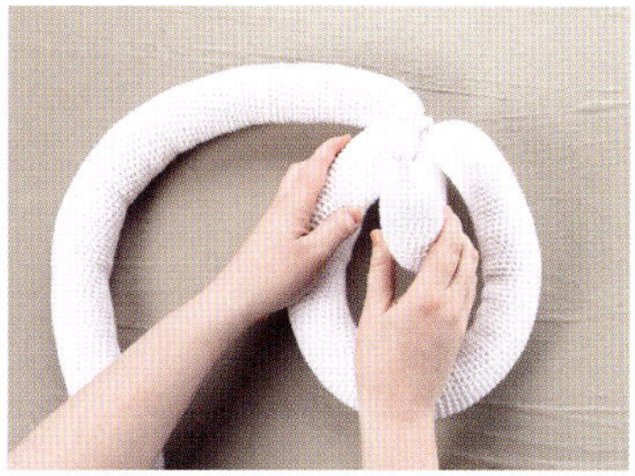

2 Schnabel, Kopf und Hals durch den entstandenen Körper stecken.

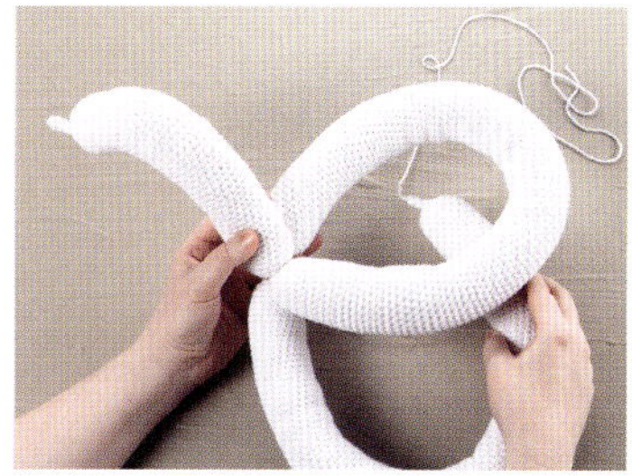

3 Das Endstück des Flügels nehmen und zum Rund formen.

RICHTIG KNOTEN

SCHAU ES DIR AN!

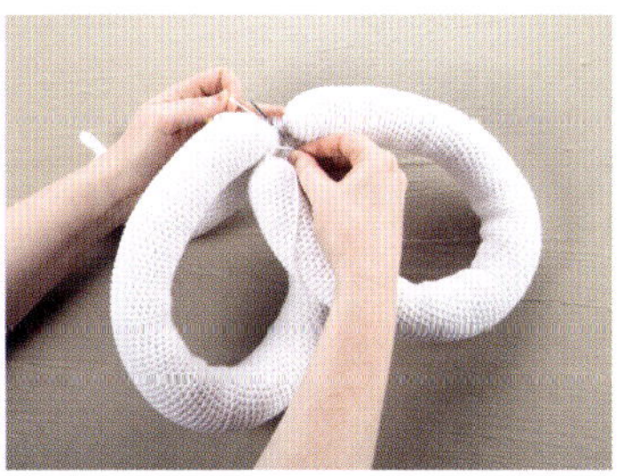

4 Das Endstück am Knotenpunkt von Körper und Hals festnähen.

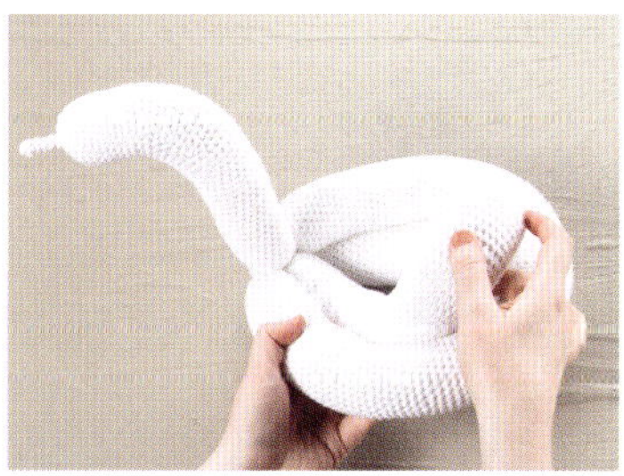

5 Die Flügel durch den Körper ziehen.

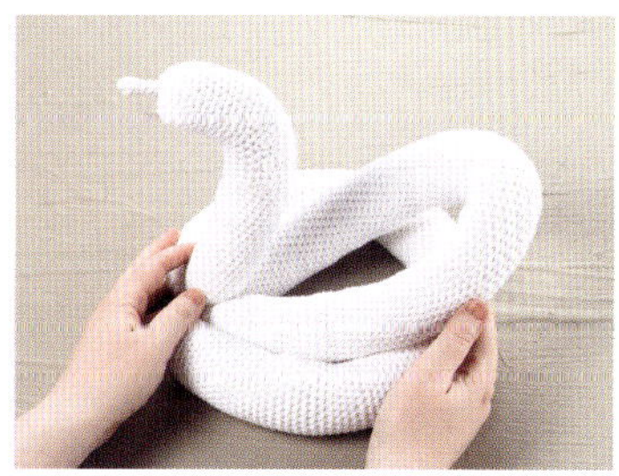

6 Flügel und Köper in Form ziehen.

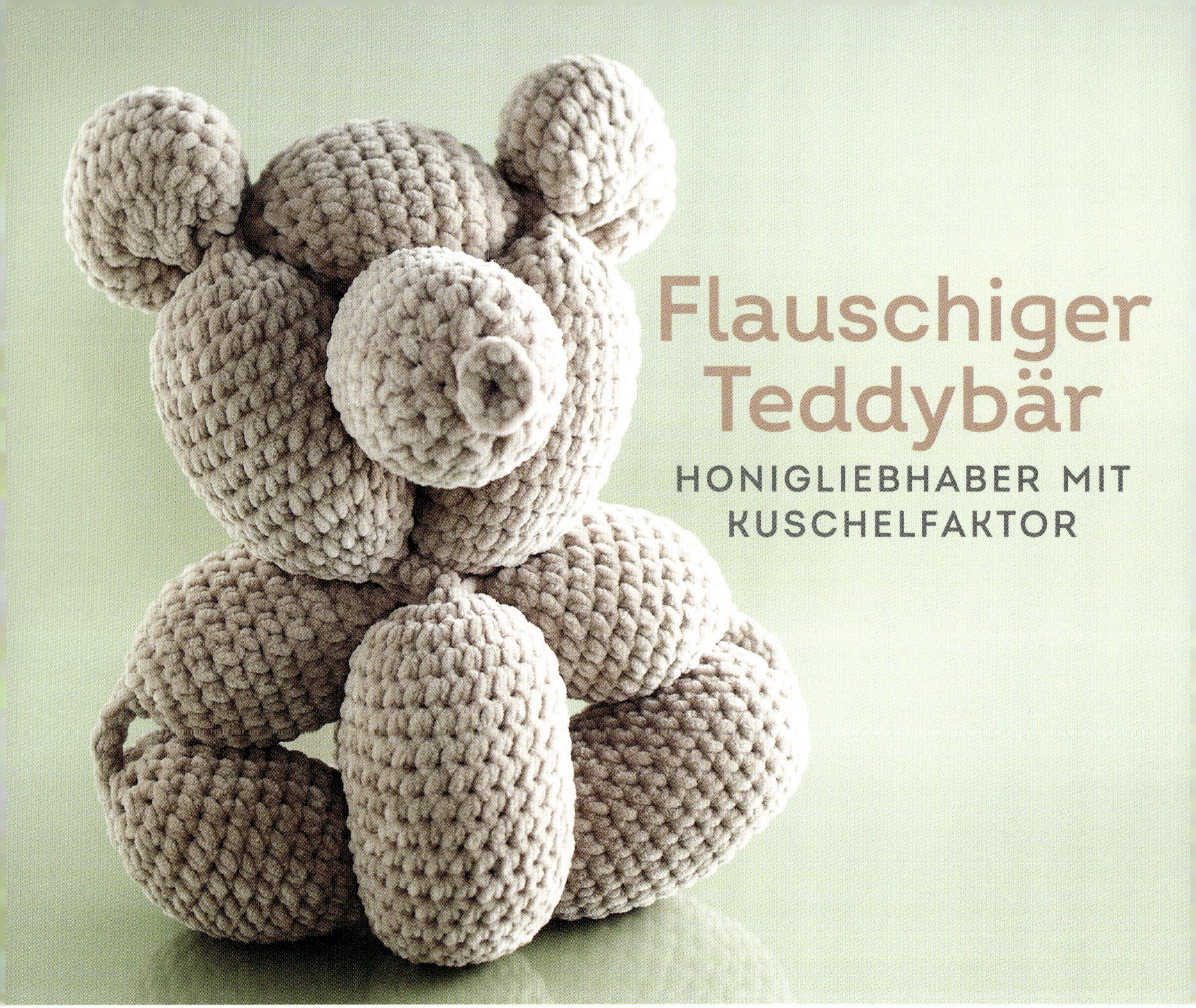

Flauschiger Teddybär

HONIGLIEBHABER MIT KUSCHELFAKTOR

ANLEITUNG

Alle Elemente und Zwischenstücke werden durchgängig, d. h. ohne den Faden zu trennen, gehäkelt und ausgestopft. Zur besseren Übersicht sind die Runden der einzelnen Teile aber trotzdem durchnummeriert.

ENDSTÜCK

Einen Magic-Ring anfertigen und weiter in Spiral-Rd häkeln.
1. Rd: 4 fM in den Ring häkeln (= 4 M).
2.-3. Rd: Jeweils 4 fM häkeln.

RÜCKEN

1. Rd: Jede fM verdoppeln (= 8 M).
2. Rd: Jede fM verdoppeln (= 16 M).
3. Rd: * 1 fM, 1 fM verdoppeln, ab * noch 7x wdh (= 24 M).
4.-16. Rd: Jeweils 24 fM häkeln.
17. Rd: * 1 fM, 2 fM zusammen abmaschen, ab * noch 7x wdh (= 16 M).
Den Rücken mit Watte ausstopfen.
18. Rd: Immer 2 fM zusammen abmaschen (= 8 M).
19. Rd: Immer 2 fM zusammen abmaschen (= 4 M).

1. ZWISCHENSTÜCK

1.-3. Rd: Jeweils 4 fM häkeln.

SCHWIERIGKEIT 3

GRÖSSE
26 cm x 35 cm

MATERIAL
myboshi Samt
(LL 100 m/100 g) in
Lama (Fb 872), 300 g
Häkelnadel 6,0 mm
Füllwatte
Stecknadeln
Wollnadel ohne Spitze
ggf. Draht

MASCHENPROBE
fM mit Häkelnd 6,0 mm
11 M und 11 Rd
= 10 cm x 10 cm

BAUCH

1. Rd: Jede fM verdoppeln (= 8 M).
2. Rd: Jede fM verdoppeln (= 16 M).
3. Rd: * 1 fM, 1 fM verdoppeln, ab * noch 7x wdh (= 24 M).
4.-16. Rd: Jeweils 24 fM häkeln.
17. Rd: * 1 fM, 2 fM zusammen abmaschen, ab * noch 7x wdh (= 16 M).
Den Bauch mit Watte ausstopfen.
18. Rd: Immer 2 fM zusammen abmaschen (= 8 M).
19. Rd: Immer 2 fM zusammen abmaschen (= 4 M).

2. ZWISCHENSTÜCK

1.-3. Rd: Jeweils 4 fM häkeln.

1. ARM

1. Rd: Jede fM verdoppeln (= 8 M).
2. Rd: Jede fM verdoppeln (= 16 M).
3. Rd: * 1 fM, 1 fM verdoppeln, ab * noch 7x wdh (= 24 M).
4.-11. Rd: Jeweils 24 fM häkeln.
12. Rd: * 1 fM, 2 fM zusammen abmaschen, ab * noch 7x wdh (= 16 M).
Den Arm mit Watte ausstopfen.
13. Rd: Immer 2 fM zusammen abmaschen (= 8 M).
14. Rd: Immer 2 fM zusammen abmaschen (= 4 M).

3. ZWISCHENSTÜCK

1.-3. Rd: Jeweils 4 fM häkeln.

1. BEIN

1. Rd: Jede fM verdoppeln (= 8 M).
2. Rd: Jede fM verdoppeln (= 16 M).
3. Rd: * 1 fM, 1 fM verdoppeln, ab * noch 7x wdh (= 24 M).
4.-11. Rd: Jeweils 24 fM häkeln.
12. Rd: * 1 fM, 2 fM zusammen abmaschen, ab * noch 7x wdh (= 16 M).
Das Bein mit Watte ausstopfen.
13. Rd: Immer 2 fM zusammen abmaschen (= 8 M).
14. Rd: Immer 2 fM zusammen abmaschen (= 4 M).

4. ZWISCHENSTÜCK

1.-3. Rd: Jeweils 4 fM häkeln.

2. BEIN

Das 2. Bein wie das 1. Bein häkeln.

5. ZWISCHENSTÜCK

1.-3. Rd: Jeweils 4 fM häkeln.

2. ARM

Den 2. Arm wie den 1. Arm häkeln.

6. ZWISCHENSTÜCK

1.-3. Rd: Jeweils 4 fM häkeln.

1. WANGE

1. Rd: Jede fM verdoppeln (= 8 M).
2. Rd: Jede fM verdoppeln (= 16 M).
3. Rd: * 1 fM, 1 fM verdoppeln, ab * noch 7x wdh (= 24 M).
4.-13. Rd: Jeweils 24 fM häkeln.
14. Rd: * 1 fM, 2 fM zusammen abmaschen, ab * noch 7x wdh (= 16 M).
Die Wange mit Watte ausstopfen.
15. Rd: Immer 2 fM zusammen abmaschen (= 8 M).
16. Rd: Immer 2 fM zusammen abmaschen (= 4 M).

7. ZWISCHENSTÜCK

1.-3. Rd: Jeweils 4 fM häkeln.

1. OHR

1. Rd: Jede fM verdoppeln (= 8 M).

2. Rd: Jede fM verdoppeln (= 16 M).
3. Rd: * 1 fM, 1 fM verdoppeln, ab * noch 7x wdh (= 24 M).
4.-7. Rd: Jeweils 24 fM häkeln.
8. Rd: * 1 fM, 2 fM zusammen abmaschen, ab * noch 7x wdh (= 16 M).
Das Ohr leicht mit Watte ausstopfen.
9. Rd: Immer 2 fM zusammen abmaschen (= 8 M).
10. Rd: Immer 2 fM zusammen abmaschen (= 4 M).

8. ZWISCHENSTÜCK

1.-3. Rd: Jeweils 4 fM häkeln.

KOPF

1. Rd: Jede fM verdoppeln (= 8 M).
2. Rd: Jede fM verdoppeln (= 16 M).
3. Rd: * 1 fM, 1 fM verdoppeln, ab * noch 7x wdh (= 24 M).
4.-9. Rd: Jeweils 24 fM häkeln.
10. Rd: * 1 fM, 2 fM zusammen abmaschen, ab * noch 7x wdh (= 16 M).
Den Kopf mit Watte ausstopfen.
11. Rd: Immer 2 fM zusammen abmaschen (= 8 M).
12. Rd: Immer 2 fM zusammen abmaschen (= 4 M).

9. ZWISCHENSTÜCK

1.-3. Rd: Jeweils 4 fM häkeln.

2. OHR

Das 2. Ohr wie das 1. Ohr häkeln.

10. ZWISCHENSTÜCK

1.-3. Rd: Jeweils 4 fM häkeln.

2. WANGE

Die 2. Wange wie die 1. Wange häkeln.

11. ZWISCHENSTÜCK

1.-3. Rd: Jeweils 4 fM häkeln.

HINTERKOPF

1. Rd: Jede fM verdoppeln (= 8 M).
2. Rd: Jede fM verdoppeln (= 16 M).
3. Rd: * 1 fM, 1 fM verdoppeln, ab * noch 7x wdh (= 24 M).
4.-11. Rd: Jeweils 24 fM häkeln.
12. Rd: * 1 fM, 2 fM zusammen abmaschen, ab * noch 7x wdh (= 16 M).
Den Hinterkopf mit Watte ausstopfen.
13. Rd: Immer 2 fM zusammen abmaschen (= 8 M).
14. Rd: Immer 2 fM zusammen abmaschen (= 4 M).

12. ZWISCHENSTÜCK

1.-3. Rd: Jeweils 4 fM häkeln.

SCHNAUZE

1. Rd: Jede fM verdoppeln (= 8 M).
2. Rd: Jede fM verdoppeln (= 16 M).
3. Rd: * 1 fM, 1 fM verdoppeln, ab * noch 7x wdh (= 24 M).
4.-11. Rd: Jeweils 24 fM häkeln.
12. Rd: * 1 fM, 2 fM zusammen abmaschen, ab * noch 7x wdh (= 16 M).
Die Schnauze mit Watte ausstopfen.
13. Rd: Immer 2 fM zusammen abmaschen (= 8 M).
14. Rd: Immer 2 fM zusammen abmaschen (= 4 M).
15.-16. Rd: Jeweils 4 fM häkeln.
17. Rd: Jede fM verdoppeln (= 8 M).
Mit 1 Km in die folgende M schließen. Den Faden abschneiden, durchziehen und vernähen.

FERTIGSTELLEN

Alle Fäden vernähen. Zuerst den Kopf herstellen. Dafür das 6. und 11. Zwischenstück übereinanderlegen und um 180° miteinander verdrehen. Die Schnauze durch den Kopf stecken. Dann die Ohren um 360° verdrehen und mit einigen Stichen fixieren. Für den Körper das 1. und 4. Zwischenstück übereinanderlegen und den Rücken nach hinten legen. Dann die Arme und Beine um Bauch und Rücken legen. Zum Schluss das Endstück, das 2. und 6. Zwischenstück mit einigen Stichen fixieren. Ggf. einzelne Elemente mit einigen Stichen miteinander fixieren, damit die Figur mehr Stabilität bekommt. Zusätzlich kann man die Form von innen mit Draht verstärken.

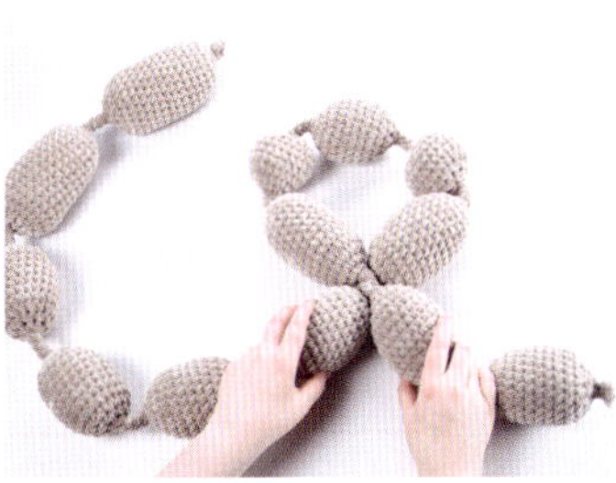

1 Das 11. und 6. Zwischenstück übereinanderlegen und um 180° miteinander verdrehen.

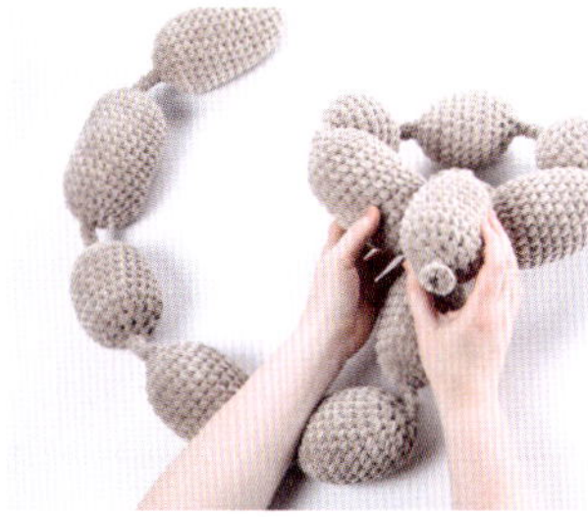

2 Die Schnauze durch die Öffnung ziehen. Der Hinterkopf wird nicht mit durchgezogen.

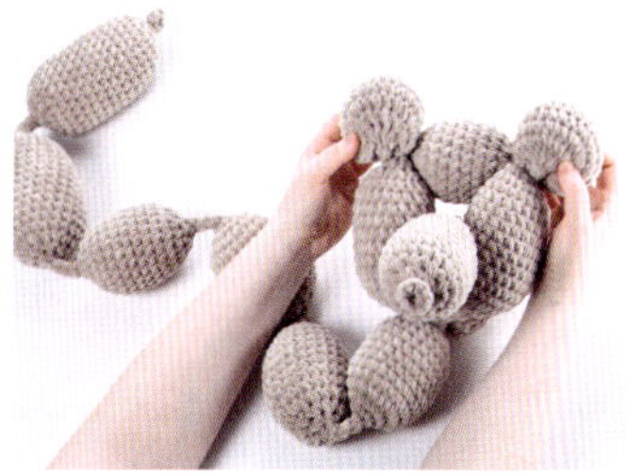

3 Die Ohren am 10. und 9. Zwischenstück und am 8. und 7. Zwischenstück übereinanderlegen und um 360° miteinander verdrehen. Die Ohren erst mit Stecknadeln in ihrer Position fixieren und dann festnähen.

RICHTIG KNOTEN

SCHAU ES DIR AN!

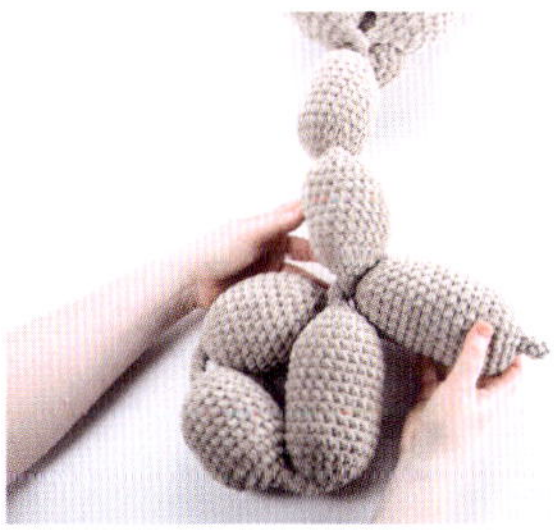

4 Für den Körper das 1. und 4. Zwischenstück übereinanderlegen und den Rücken nach hinten legen. Dann die Arme und Beine um Bauch und Rücken legen.

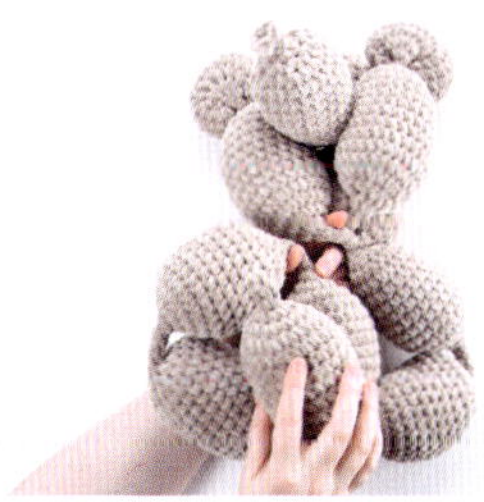

5 Das Endstück zusammenfassen mit dem 3. Zwischenstück zum Hals führen.

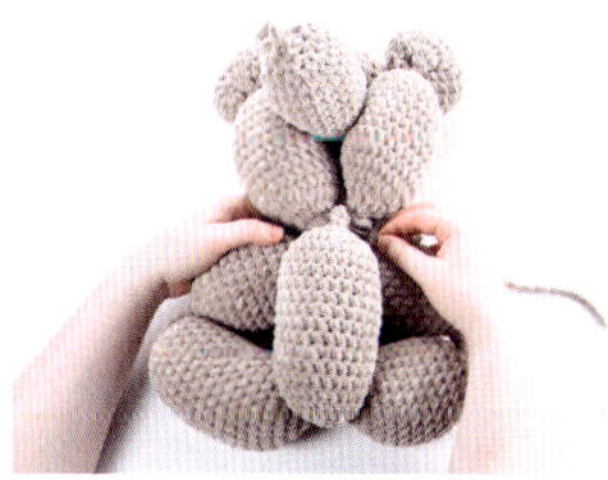

6 Endstück, 2. und 6. Zwischenstück miteinander vernähen, noch ein paar Sicherheitsstiche für einen besseren Halt an Kopf, Rücken und Brust vornehmen.

Flinker Hase

HOPPELT MIT LICHT-
GESCHWINDIGKEIT
ZUM LIEBLINGSPLATZ

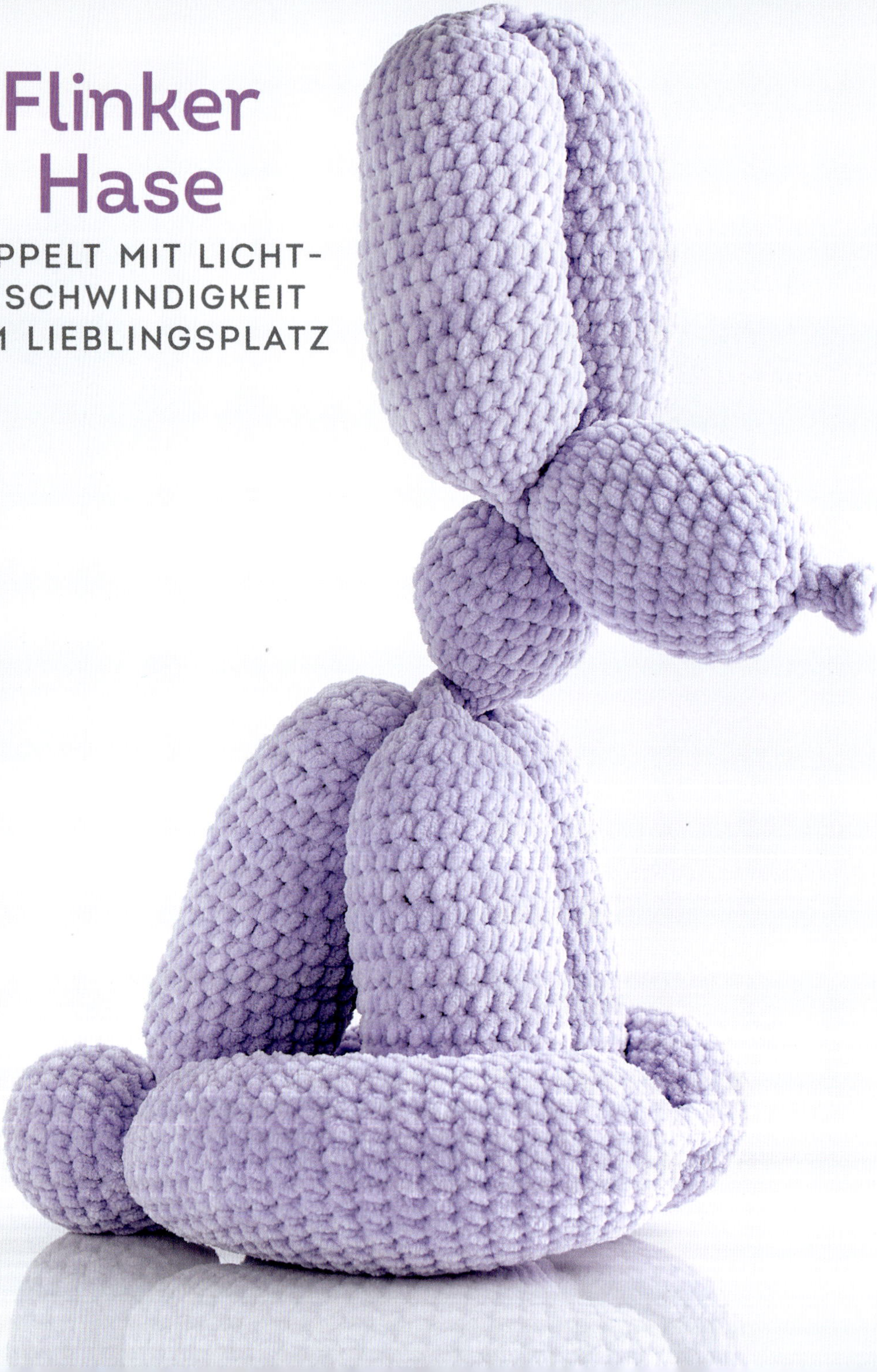

SCHWIERIGKEIT 1

GRÖSSE
34 cm x 44 cm

MATERIAL
myboshi Samt
(LL 100 m/100 g) in
Einhorn (Fb 861), 300 g
Häkelnadel 6,0 mm
Füllwatte
Wollnadel ohne Spitze
ggf. Draht

MASCHENPROBE
fM mit Häkelnd 6,0 mm
11 M und 11 Rd
= 10 cm x 10 cm

ANLEITUNG

Alle Elemente und Zwischenstücke werden durchgängig, d. h. ohne den Faden zu trennen, gehäkelt und ausgestopft. Zur besseren Übersicht sind die Runden der einzelnen Teile aber trotzdem durchnummeriert.

SCHWANZ

Einen Magic-Ring anfertigen und wie folgt in Spiral-Rd arb.
1. Rd: 4 fM in den Ring häkeln (= 4 M).
2. Rd: Jede fM verdoppeln (= 8 M).
3. Rd: Jede fM verdoppeln (= 16 M).
4. Rd: * 1 fM, 1 fM verdoppeln, ab * noch 7x wdh (= 24 M).
5.-9. Rd: Jeweils 24 fM häkeln.
10. Rd: * 1 fM, 2 fM zusammen abmaschen, ab * noch 7x wdh (= 16 M).
Den Schwanz mit Watte ausstopfen.
11. Rd: Immer 2 fM zusammen abmaschen (= 8 M).
12. Rd: Immer 2 fM zusammen abmaschen (= 4 M).

1. ZWISCHENSTÜCK

1.-3. Rd: Jeweils 4 fM häkeln.

1. HINTERBEIN

1. Rd: Jede fM verdoppeln (= 8 M).
2. Rd: Jede fM verdoppeln (= 16 M).
3. Rd: * 1 fM, 1 fM verdoppeln, ab * noch 7x wdh (= 24 M).
4.-25. Rd: Jeweils 24 fM häkeln.
26. Rd: * 1 fM, 2 fM zusammen abmaschen, ab * noch 7x wdh (= 16 M).
Das Bein mit Watte ausstopfen, jedoch nicht allzu fest ausstopfen, da die hinteren Beine sich am Ende um die vorderen Beine legen sollen.
27. Rd: Immer 2 fM zusammen abmaschen (= 8 M).
28. Rd: Immer 2 fM zusammen abmaschen (= 4 M).

2. ZWISCHENSTÜCK

1.-3. Rd: Jeweils 4 fM häkeln.

2. HINTERBEIN

Das 2. Hinterbein wie das 1. Hinterbein häkeln.

3. ZWISCHENSTÜCK

1.-3. Rd: Jeweils 4 fM häkeln.

KÖRPER

1. Rd: Jede fM verdoppeln (= 8 M).
2. Rd: Jede fM verdoppeln (= 16 M).
3. Rd: * 1 fM, 1 fM verdoppeln, ab * noch 7x wdh (= 24 M).
4.-21. Rd: Jeweils 24 fM häkeln.
22. Rd: * 1 fM, 2 fM zusammen abmaschen, ab * noch 7x wdh (= 16 M).
Den Körper mit Watte ausstopfen.
23. Rd: Immer 2 fM zusammen abmaschen (= 8 M).
24. Rd: Immer 2 fM zusammen abmaschen (= 4 M).

4. ZWISCHENSTÜCK

1.-3. Rd: Jeweils 4 fM häkeln.

1. VORDERBEIN

1. Rd: Jede fM verdoppeln (= 8 M).
2. Rd: Jede fM verdoppeln (= 16 M).
3. Rd: * 1 fM, 1 fM verdoppeln, ab * noch 7x wdh (= 24 M).
4.-21. Rd: Jeweils 24 fM häkeln.
22. Rd: * 1 fM, 2 fM zusammen abmaschen, ab * noch 7x wdh (= 16 M).
Das Bein fest mit Watte ausstopfen.

23. Rd: Immer 2 fM zusammen abmaschen (= 8 M).
24. Rd: Immer 2 fM zusammen abmaschen (= 4 M).

5. ZWISCHENSTÜCK

1.-3. Rd: Jeweils 4 fM häkeln.

2. VORDERBEIN

Das 2. Vorderbein wie das 1. Vorderbein häkeln.

6. ZWISCHENSTÜCK

1.-3. Rd: Jeweils 4 fM häkeln.

HALS

1. Rd: Jede fM verdoppeln (= 8 M).
2. Rd: Jede fM verdoppeln (= 16 M).
3. Rd: * 1 fM, 1 fM verdoppeln, ab * noch 7x wdh (= 24 M).
4.-8. Rd: Jeweils 24 fM häkeln.
9. Rd: * 1 fM, 2 fM zusammen abmaschen, ab * noch 7x wdh (= 16 M).
Den Hals mit Watte ausstopfen.
10. Rd: Immer 2 fM zusammen abmaschen (= 8 M).
11. Rd: Immer 2 fM zusammen abmaschen (= 4 M).

7. ZWISCHENSTÜCK

1.-3. Rd: Jeweils 4 fM häkeln.

1. OHR

1. Rd: Jede fM verdoppeln (= 8 M).
2. Rd: Jede fM verdoppeln (= 16 M).
3. Rd: * 1 fM, 1 fM verdoppeln, ab * noch 7x wdh (= 24 M).
4.-20. Rd: Jeweils 24 fM häkeln.
21. Rd: * 1 fM, 2 fM zusammen abmaschen, ab * noch 7x wdh (= 16 M).
Das Ohr mit Watte ausstopfen.
22. Rd: Immer 2 fM zusammen abmaschen (= 8 M).
23. Rd: Immer 2 fM zusammen abmaschen (= 4 M).

8. ZWISCHENSTÜCK

1.-3. Rd: Jeweils 4 fM häkeln.

2. OHR

Das 2. Ohr wie das 1. Ohr häkeln.

9. ZWISCHENSTÜCK

1.-3. Rd: Jeweils 4 fM häkeln.

KOPF

1. Rd: Jede fM verdoppeln (= 8 M).
2. Rd: Jede fM verdoppeln (= 16 M).
3. Rd: * 1 fM, 1 fM verdoppeln, ab * noch 7x wdh (= 24 M).
4.-12. Rd: Jeweils 24 fM häkeln.
13. Rd: * 1 fM, 2 fM zusammen abmaschen, ab * noch 7x wdh (= 16 M).
Den Kopf mit Watte ausstopfen.
14. Rd: Immer 2 fM zusammen abmaschen (= 8 M).
15. Rd: Immer 2 fM zusammen abmaschen (= 4 M).

SCHNAUZE

1.-3. Rd: Jeweils 4 fM häkeln.
4. Rd: Jede fM verdoppeln (= 8 M).
Mit 1 Km in die folgende M schließen. Den Faden abschneiden, durchziehen und vernähen.

FERTIGSTELLEN

Alle Fäden vernähen. Die Ohren am 7. und 9. Zwischenstück um 180° miteinander verdrehen und die Schnauze durch die Ohren stecken. Dann die vorderen Beine am 4. und 6. Zwischenstück übereinanderlegen und um 180° miteinander verdrehen. Schwanz, Hinterbeine und Körper durch die Öffnung zwischen den Vorderbeinen ziehen. Die Hinterbeine am 1. und 3. Zwischenstück um 180° miteinander verdrehen und den Schwanz durch die entstandene Öffnung führen. Zum Schluss die Vorderbeine zwischen die Hinterbeine klemmen. Kopf, Hals und Beine mit einigen Stichen fixieren.

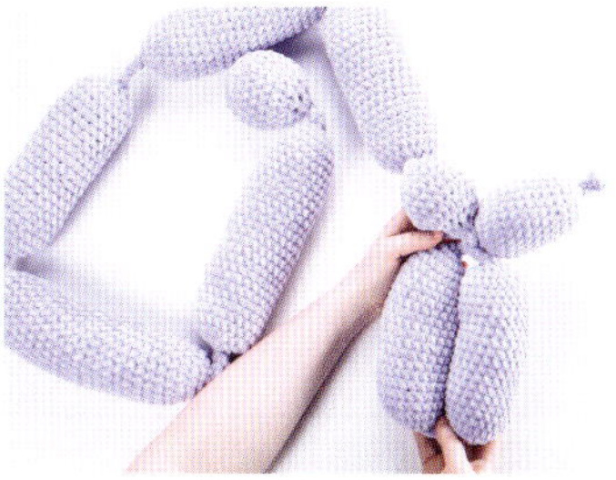

1 Die Ohren nebeneinanderlegen und das 7. und 9. Zwischenstück übereinanderlegen und um 180° miteinander verdrehen.

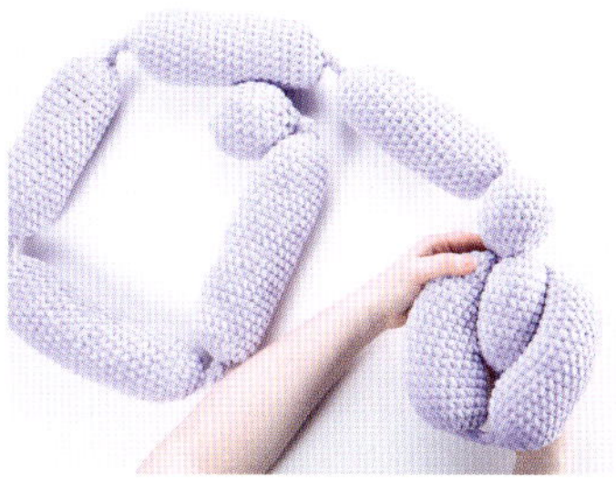

2 Die Schnauze durch die Ohren stecken.

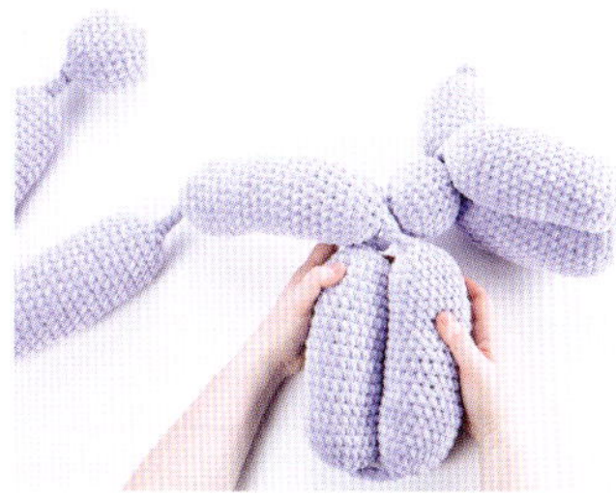

3 Für die Vorderbeine das 4. und 6. Zwischenstück übereinanderlegen und um 180° miteinander verdrehen.

RICHTIG KNOTEN

SCHAU ES DIR AN!

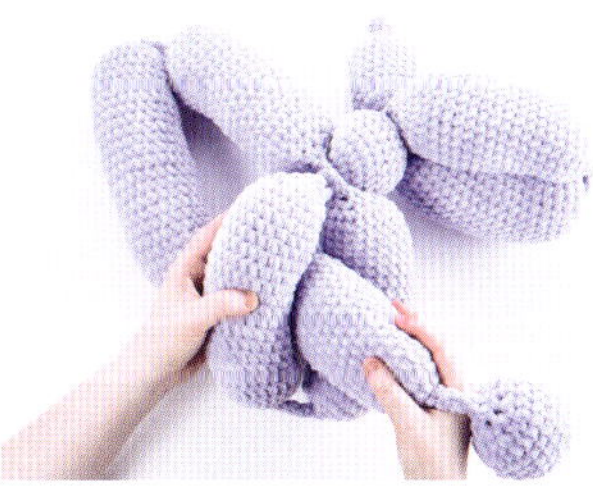

4 Schwanz, Hinterbeine (= 1. und 2. Bein) und Körper durch die Öffnung zwischen den Vorderbeinen ziehen.

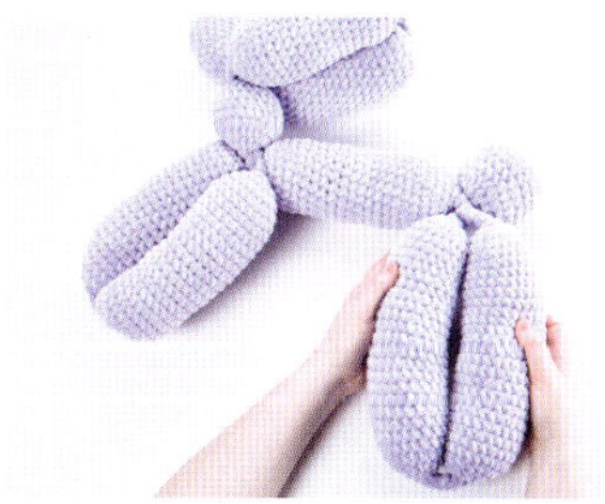

5 Die Hinterbeine nebeneinanderlegen und am 1. und 3. Zwischenstück übereinanderlegen und um 180° miteinander verdrehen.

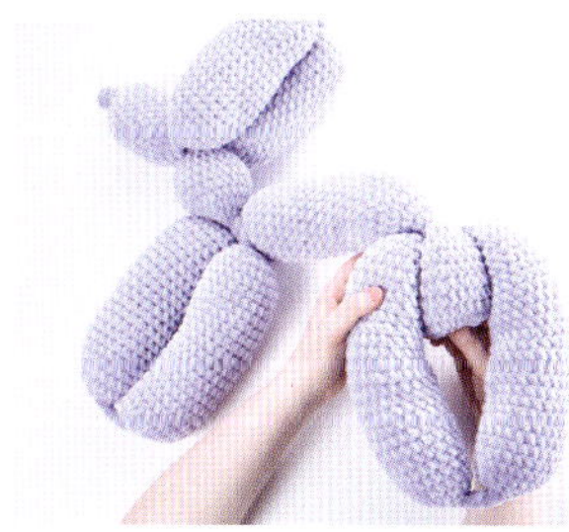

6 Den Schwanz durch die Öffnung von 1. und 2. Bein führen. Für einen besseren Stand die Vorderbeine zwischen den Hinterbeinen platzieren. Kopf, Hals und Beine mit ein paar Sicherheitsstichen fixieren.

Verschwiegene Muschel

BEWAHRT SO MANCHES GEHEIMNIS

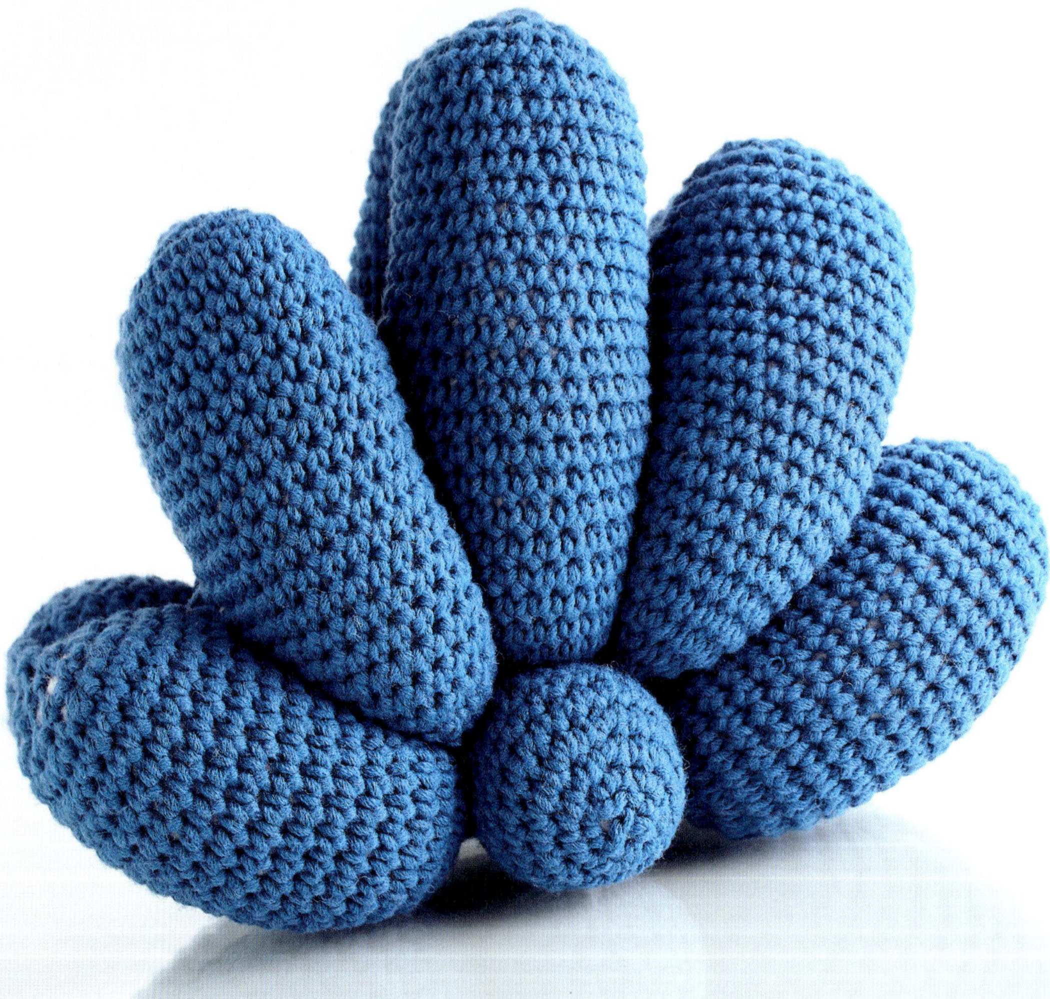

SCHWIERIGKEIT 3

GRÖSSE
36 cm x 26 cm

MATERIAL
Schachenmayr Boston (LL 55 m/50 g) in Mosaikblau (Fb 65), 400 g
Häkelnadel 7,0 mm
Füllwatte
Wollnadel ohne Spitze
ggf. Draht

MASCHENPROBE
fM mit Häkelnd 7,0 mm
11 M und 12 Rd
= 10 cm x 10 cm

ANLEITUNG

Alle Elemente und Zwischenstücke werden durchgängig, d. h. ohne den Faden zu trennen, gehäkelt und ausgestopft. Zur besseren Übersicht sind die Runden der einzelnen Teile aber trotzdem durchnummeriert.

Hinweis: Hier wurde eine kleinere Nadelstärke verwendet, damit das Maschenbild schön fest wird.

1. UNTERE MITTE

Einen Magic-Ring anfertigen und weiter in Spiral-Rd häkeln.
1. Rd: 4 fM in den Ring häkeln (= 4 M).
2. Rd: Jede fM verdoppeln (= 8 M).
3. Rd: Jede fM verdoppeln (= 16 M).
4. Rd: * 1 fM, 1 fM verdoppeln, ab * noch 7x wdh (= 24 M).
5.-9. Rd: Jeweils 24 fM häkeln.
10. Rd: * 1 fM, 2 fM zusammen abmaschen, ab * noch 7x wdh (= 16 M).
Das Häkelstück mit Watte ausstopfen.
11. Rd: Immer 2 fM zusammen abmaschen (= 8 M).
12. Rd: Immer 2 fM zusammen abmaschen (= 4 M).

1. ZWISCHENSTÜCK

1.-3. Rd: Jeweils 4 fM häkeln.

1. KLEINES SEGMENT

1. Rd: Jede fM verdoppeln (= 8 M).
2. Rd: Jede fM verdoppeln (= 16 M).
3. Rd: * 1 fM, 1 fM verdoppeln, ab * noch 7x wdh (= 24 M).
4.-17. Rd: Jeweils 24 fM häkeln.
18. Rd: * 1 fM, 2 fM zusammen abmaschen, ab * noch 7x wdh (= 16 M).
Das Segment mit Watte ausstopfen.
19. Rd: Immer 2 fM zusammen abmaschen (= 8 M).
20. Rd: Immer 2 fM zusammen abmaschen (= 4 M).

2. ZWISCHENSTÜCK

1.-3. Rd: Jeweils 4 fM häkeln.

2. KLEINES SEGMENT

Das 2. kleine Segment wie das 1. kleine Segment häkeln.

3. ZWISCHENSTÜCK

1.-3. Rd: Jeweils 4 fM häkeln.

1. MITTLERES SEGMENT

1. Rd: Jede fM verdoppeln (= 8 M).
2. Rd: Jede fM verdoppeln (= 16 M).
3. Rd: * 1 fM, 1 fM verdoppeln, ab * noch 7x wdh (= 24 M).
4.-21. Rd: Jeweils 24 fM häkeln.
22. Rd: * 1 fM, 2 fM zusammen abmaschen, ab * noch 7x wdh (= 16 M).
Das Segment mit Watte ausstopfen.
23. Rd: Immer 2 fM zusammen abmaschen (= 8 M).
24. Rd: Immer 2 fM zusammen abmaschen (= 4 M).

4. ZWISCHENSTÜCK

1.-3. Rd: Jeweils 4 fM häkeln.

2. MITTLERES SEGMENT

Das 2. mittlere Segment wie das 1. mittlere Segment häkeln.

5. ZWISCHENSTÜCK

1.-3. Rd: Jeweils 4 fM häkeln.

1. GROSSES SEGMENT

1. Rd: Jede fM verdoppeln (= 8 M).
2. Rd: Jede fM verdoppeln (= 16 M).
3. Rd: * 1 fM, 1 fM verdoppeln, ab * noch 7x wdh (= 24 M).
4.-25. Rd: Jeweils 24 fM häkeln.
26. Rd: * 1 fM, 2 fM zusammen abmaschen, ab * noch 7x wdh (= 16 M).
Das Segment mit Watte ausstopfen.
27. Rd: Immer 2 fM zusammen abmaschen (= 8 M).
28. Rd: Immer 2 fM zusammen abmaschen (= 4 M).

6. ZWISCHENSTÜCK

1.-3. Rd: Jeweils 4 fM häkeln.

2. GROSSES SEGMENT

Das 2. große Segment wie das 1. große Segment häkeln.

7. ZWISCHENSTÜCK

1.-3. Rd: Jeweils 4 fM häkeln.

3. MITTLERES SEGMENT

Das 3. mittlere Segment wie das 1. mittlere Segment häkeln.

8. ZWISCHENSTÜCK

1.-3. Rd: Jeweils 4 fM häkeln.

4. MITTLERES SEGMENT

Das 4. mittlere Segment wie das 1. mittlere Segment häkeln.

9. ZWISCHENSTÜCK

1.-3. Rd: Jeweils 4 fM häkeln.

3. KLEINES SEGMENT

Das 3. kleine Segment wie das 1. kleine Segment häkeln.

10. ZWISCHENSTÜCK

1.-3. Rd: Jeweils 4 fM häkeln.

4. KLEINES SEGMENT

Das 4. kleine Segment wie das 1. kleine Segment häkeln.

11. ZWISCHENSTÜCK

1.-3. Rd: Jeweils 4 fM häkeln.

2. UNTERE MITTE

1. Rd: Jede fM verdoppeln (= 8 M).
2. Rd: Jede fM verdoppeln (= 16 M).
3. Rd: * 1 fM, 1 fM verdoppeln, ab * noch 7x wdh (= 24 M).
4.-8. Rd: Jeweils 24 fM häkeln.
9. Rd: * 1 fM, 2 fM zusammen abmaschen, ab * noch 7x wdh (= 16 M).
Das Häkelstück mit Watte ausstopfen.
10. Rd: Immer 2 fM zusammen abmaschen (= 8 M).
11. Rd: Immer 2 fM zusammen abmaschen (= 4 M).
Mit 1 Km in die folgende M schließen. Den Faden abschneiden, durchziehen und vernähen.

FERTIGSTELLEN

Alle Fäden vernähen. Das 1. und 3. Zwischenstück, das 3. und 5. Zwischenstück, das 5. und 7. Zwischenstück, das 7. und 9. Zwischenstück und zum Schluss das 9. und 11. Zwischenstück um 180° miteinander verdrehen. Dann die beiden unteren Mitten verdrehen und eine der beiden durch die entstandene Öffnung ziehen. Zum Schluss die einzelnen Segmente mit einigen Stichen aneinander fixieren. Um die Form zu halten, hilft es, einen langen Faden unter den oberen Zwischenstücken durchzuziehen und zu verknoten. Wenn alle Elemente miteinander fixiert sind, wird dieser Faden wieder entfernt.

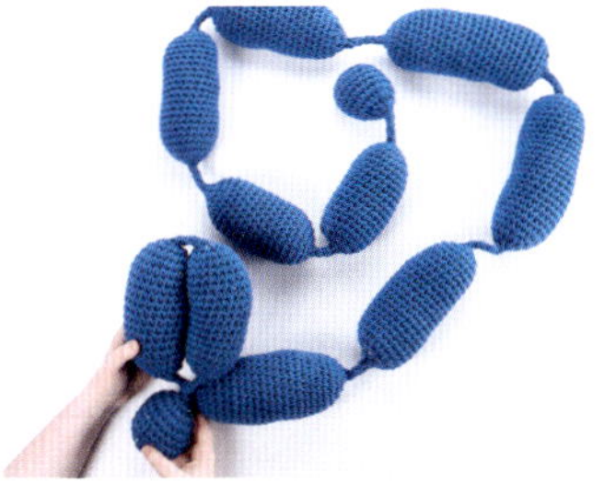

1 1. und 2. kleines Segment nebeneinanderlegen und das 1. und 3. Zwischenstück um 180° miteinander verdrehen.

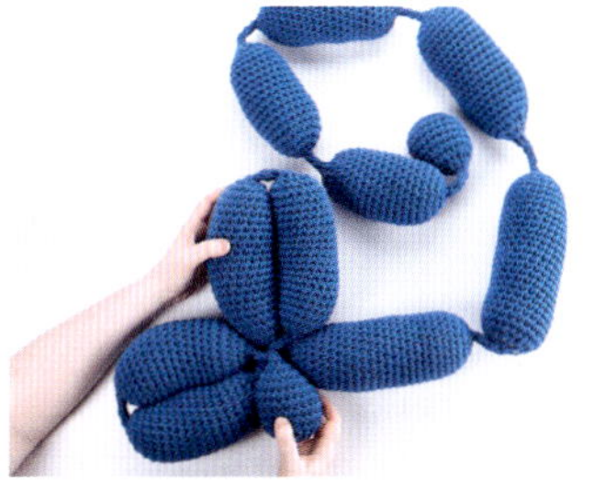

2 Jetzt das 1. und 2. mittlere Segment nebeneinanderlegen und das 3. und 5. Zwischenstück um 180° miteinander verdrehen.

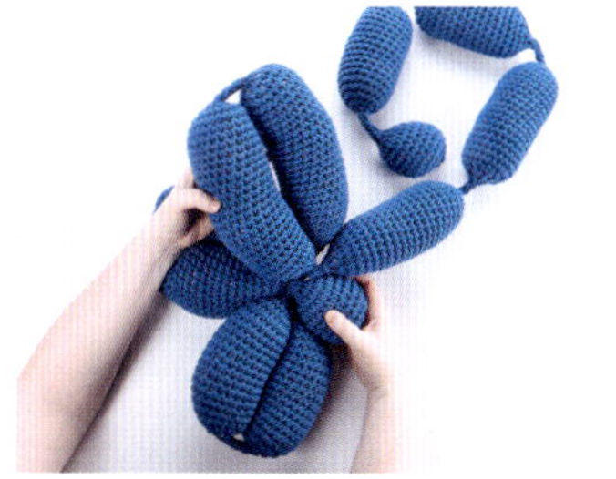

3 Dann das 1. und 2. große Segment nebeneinanderlegen und das 5. und 7. Zwischenstück um 180° miteinander verdrehen.

RICHTIG KNOTEN

SCHAU ES DIR AN!

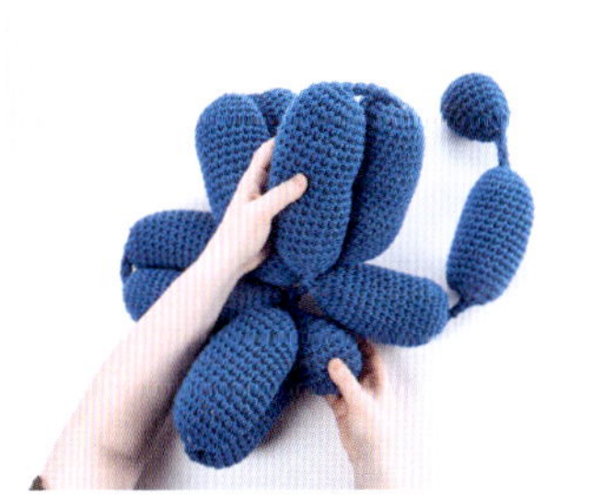

4 Als nächstes das 3. und 4. mittlere Segment nebeneinanderlegen und das 7. und 9. Zwischenstück um 180° miteinander verdrehen.

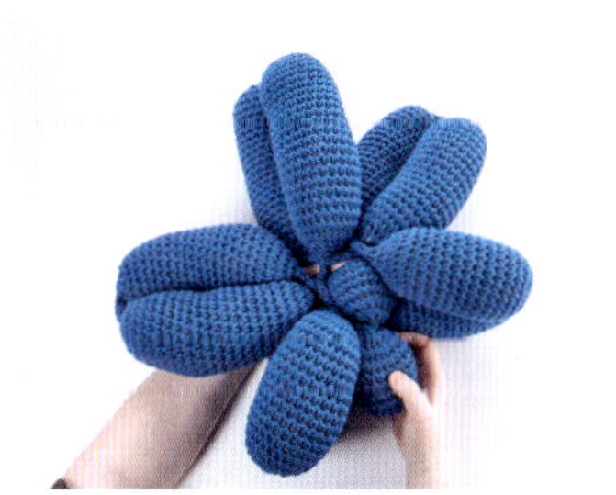

5 Und noch das 3. und 4. kleine Segment nebeneinanderlegen und das 9. und 11. Zwischenstück um 180° miteinander verdrehen.

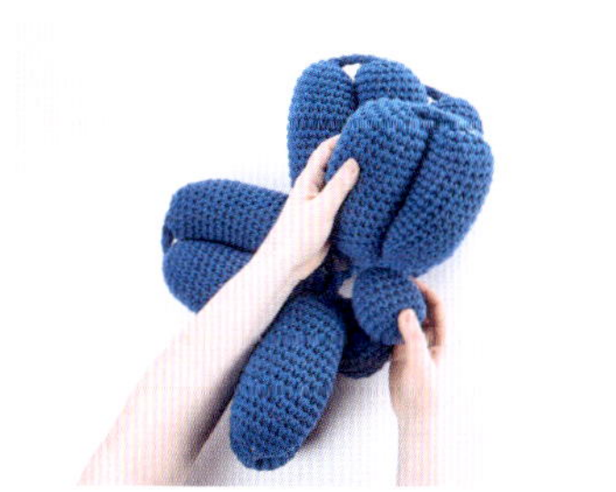

6 Die beiden unteren Mitten miteinander verdrehen und eine der beiden durch die entstandene Öffnung ziehen.

Zarter Schmetterling

KUSCHELZEIT MIT LUFTIKUS

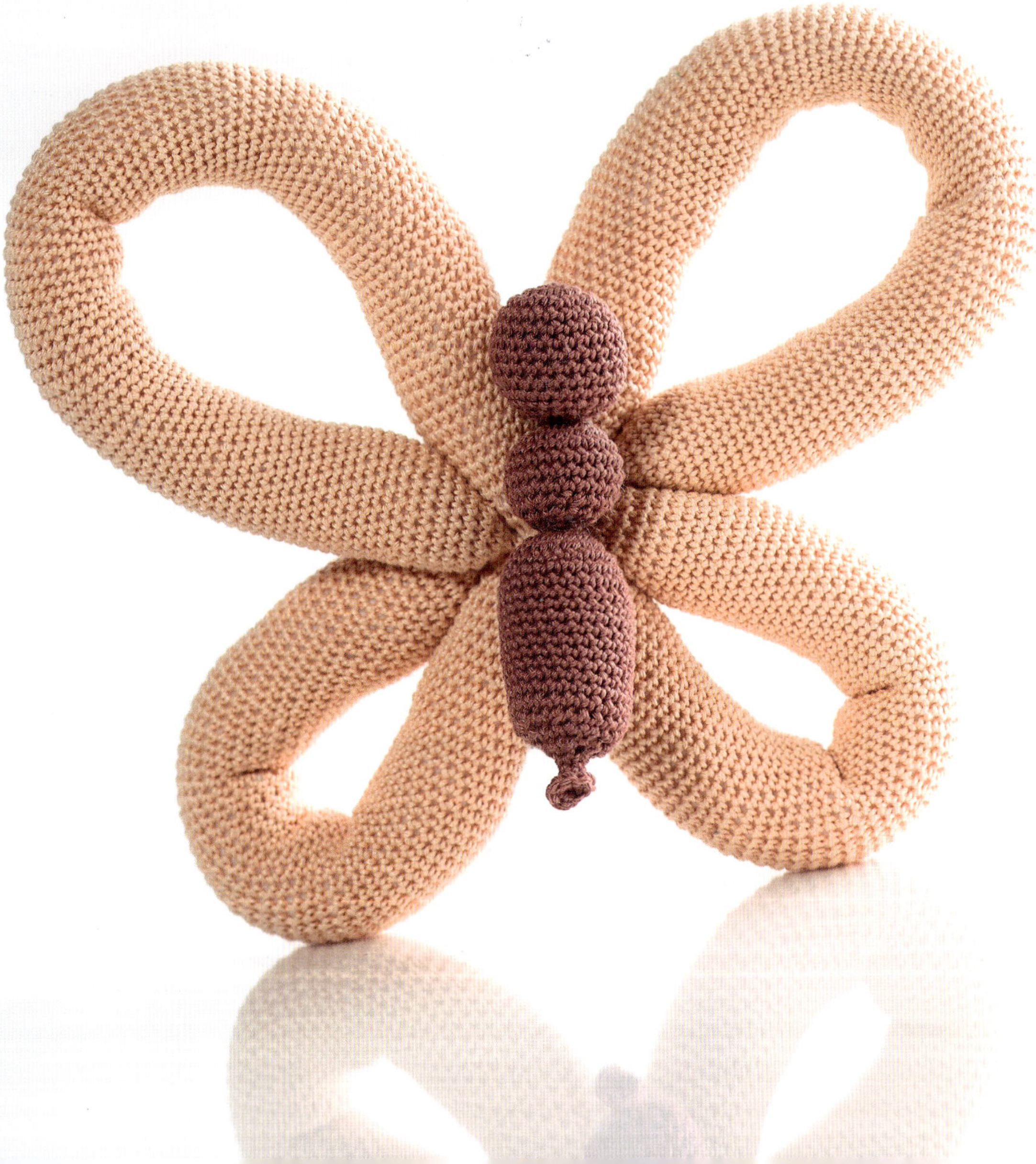

SCHWIERIGKEIT 1

GRÖSSE
30 cm x 26 cm

MATERIAL
Schachenmayr Catania (LL 125 m/50 g) in Aprikose (Fb 401), 150 g und Marsalarot (Fb 396), 50 g
Häkelnadel 3,0 mm
Füllwatte
Wollnadel ohne Spitze
ggf. Draht

MASCHENPROBE
fM mit Häkelnd 3,0 mm
27 M und 30 Rd
= 10 cm x 10 cm

ANLEITUNG

Alle Elemente und Zwischenstücke der Flügel sowie Kopf, Ober- und Unterkörper werden durchgängig, d. h. ohne den Faden zu trennen, gehäkelt und ausgestopft. Kopf und Körper werden separat in einem Stück gehäkelt. Zur besseren Übersicht sind die Runden der einzelnen Teile aber trotzdem durchnummeriert.

1. ENDSTÜCK

Einen Magic-Ring in Aprikose anfertigen und weiter in Spiral-Rd häkeln.
1. Rd: 4 fM in den Ring häkeln (= 4 M).
2. Rd: Jeweils 4 fM häkeln.

1. GROSSER FLÜGEL

1. Rd: Jede fM verdoppeln (= 8 M).
2. Rd: Jede fM verdoppeln (= 16 M).
3. Rd: * 1 fM, 1 fM verdoppeln, ab * noch 7x wdh (= 24 M).
4.-103. Rd: Jeweils 24 fM häkeln.
104. Rd: * 1 fM, 2 fM zusammen abmaschen, ab * noch 7x wdh (= 16 M).
Den Flügel nach und nach mit Watte ausstopfen.
105. Rd: Immer 2 fM zusammen abmaschen (= 8 M).
106. Rd: Immer 2 fM zusammen abmaschen (= 4 M).

1. ZWISCHENSTÜCK

1.-3. Rd: Jeweils 4 fM häkeln.

2. GROSSER FLÜGEL

Den 2. großen Flügel wie den 1. großen Flügel häkeln.

2. ZWISCHENSTÜCK

1.-3. Rd: Jeweils 4 fM häkeln.

1. KLEINER FLÜGEL

1. Rd: Jede fM verdoppeln (= 8 M).
2. Rd: Jede fM verdoppeln (= 16 M).
3. Rd: * 1 fM, 1 fM verdoppeln, ab * noch 7x wdh (= 24 M).
4.-73. Rd: Jeweils 24 fM häkeln.
74. Rd: * 1 fM, 2 fM zusammen abmaschen, ab * noch 7x wdh (= 16 M).
Den Flügel nach und nach mit Watte ausstopfen.
75. Rd: Immer 2 fM zusammen abmaschen (= 8 M).
76. Rd: Immer 2 fM zusammen abmaschen (= 4 M).

3. ZWISCHENSTÜCK

1.-3. Rd: Jeweils 4 fM häkeln.

2. KLEINER FLÜGEL

Den 2. kleinen Flügel wie den 1. kleinen Flügel häkeln.

2. ENDSTÜCK

1.-2. Rd: Jeweils 4 fM häkeln.
Mit 1 Km in die folgende M schließen. Den Faden durchziehen, trennen und lang abschneiden.

KOPF

In Marsalarot einen Magic-Ring anfertigen und weiter in Spiral-Rd häkeln.
1. Rd: 4 fM in den Ring häkeln (= 4 M).
2. Rd: Jede fM verdoppeln (= 8 M).
3. Rd: Jede fM verdoppeln (= 16 M).
4. Rd: * 1 fM, 1 fM verdoppeln, ab * noch 7x wdh (= 24 M).
5.-11. Rd: Jeweils 24 fM häkeln.

12. Rd: * 1 fM, 2 fM zusammen abmaschen, ab * noch 7x wdh (= 16 M).
Den Kopf mit Watte ausstopfen.
13. Rd: Immer 2 fM zusammen abmaschen (= 8 M).
14. Rd: Immer 2 fM zusammen abmaschen (= 4 M).

OBERKÖRPER

1. Rd: Jede fM verdoppeln (= 8 M).
2. Rd: Jede fM verdoppeln (= 16 M).
3. Rd: * 1 fM, 1 fM verdoppeln, ab * noch 7x wdh (= 24 M).
4.-7. Rd: Jeweils 24 fM häkeln.
8. Rd: * 1 fM, 2 fM zusammen abmaschen, ab * noch 7x wdh (= 16 M).
Den Oberkörper mit Watte ausstopfen.
9. Rd: Immer 2 fM zusammen abmaschen (= 8 M).
10. Rd: Immer 2 fM zusammen abmaschen (= 4 M).

UNTERKÖRPER

1. Rd: Jede fM verdoppeln (= 8 M).
2. Rd: Jede fM verdoppeln (= 16 M).
3. Rd: * 1 fM, 1 fM verdoppeln, ab * noch 7x wdh (= 24 M).
4.-17. Rd: Jeweils 24 fM häkeln.
18. Rd: * 1 fM, 2 fM zusammen abmaschen, ab * noch 7x wdh (= 16 M).
Den Unterkörper mit Watte ausstopfen.
19. Rd: Immer 2 fM zusammen abmaschen (= 8 M).
20. Rd: Immer 2 fM zusammen abmaschen (= 4 M).
21.-22. Rd: Jeweils 4 fM häkeln.
23. Rd: Jede fM verdoppeln (= 8 M).
Mit 1 Km in die folgende M schließen. Den Faden abschneiden, durchziehen und vernähen.

FERTIGSTELLEN

Das 1. und 2. Endstück zusammennähen, so dass ein geschlossener Kreis mit 4 Segmenten entsteht. Das soeben zusammengenähte Zwischenstück und das gegenüberliegende 2. Zwischenstück übereinanderlegen und um 180° miteinander verdrehen. Nun das 1. und das 3. Zwischenstück zur Mitte schieben, so dass sich die Flügel formen und alle Zwischenstücke am Kreuzungspunkt zusammennähen. Kopf und Körper auf den Flügeln mit einigen Stichen fixieren. Zusätzlich kann man die Form von innen mit Draht verstärken. Alle Fäden vernähen.

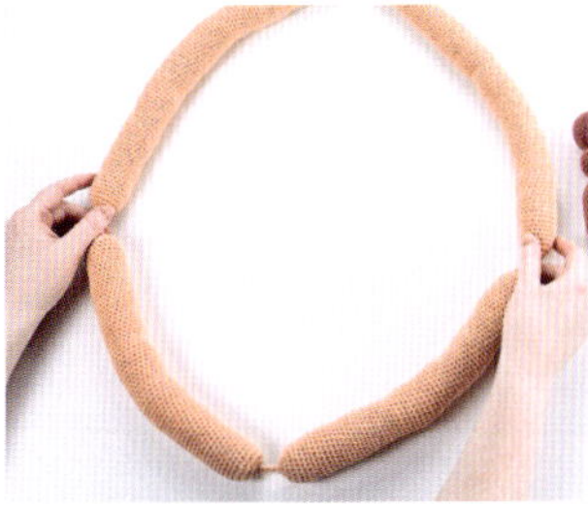

1 Den Kreis so platzieren, dass 1. und 2. großer Flügel oben liegen.

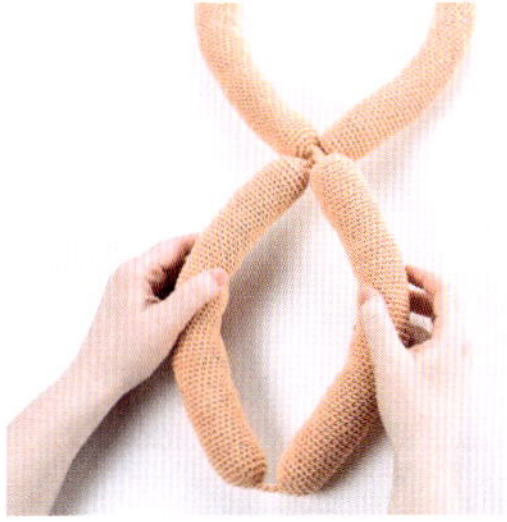

2 Das soeben zusammengenähte Zwischenstück und das gegenüberliegende 2. Zwischenstück übereinanderlegen und um 180° miteinander verdrehen.

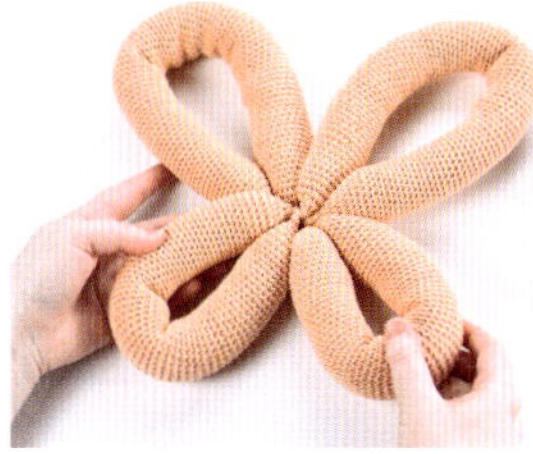

3 Jetzt das 1. und 3. Zwischenstück zur Mitte führen und alle Zwischenstücke am Kreuzpunkt zusammennähen.

RICHTIG KNOTEN

SCHAU ES DIR AN!

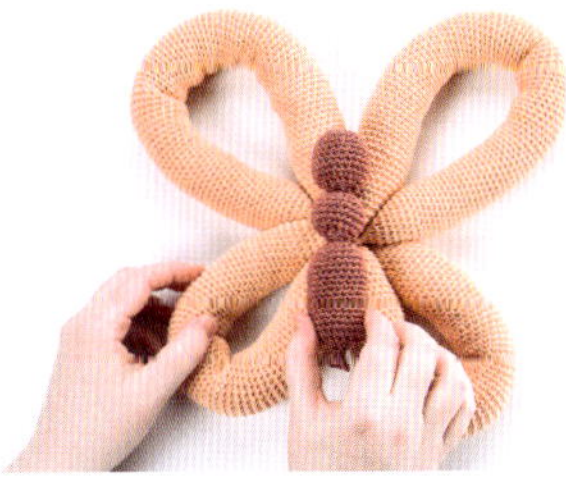

4 Zum Schluss noch Kopf und Körper auf die Flügel nähen.

Großartige Giraffe

HAT IMMER ALLES GANZ GENAU IM BLICK

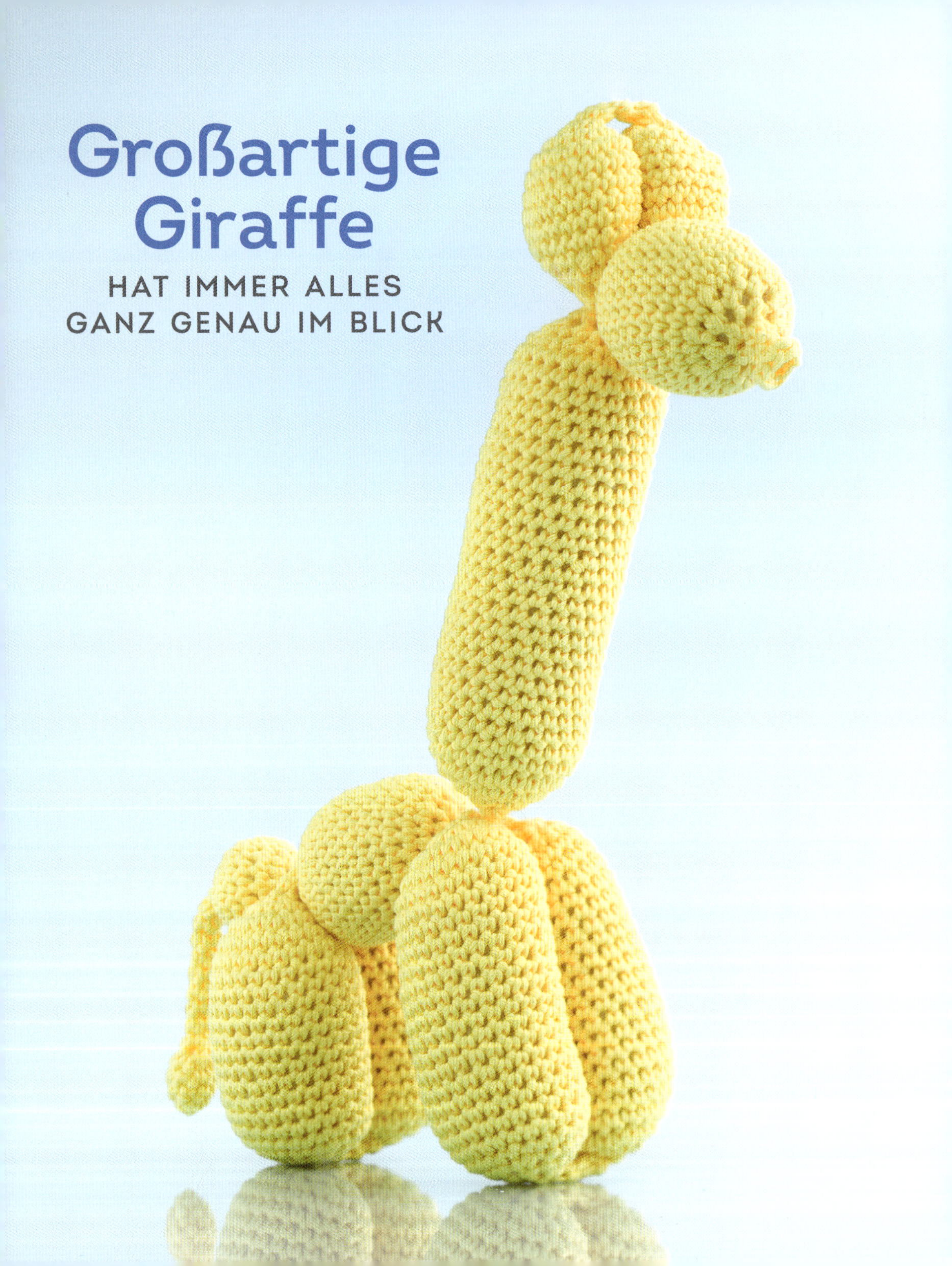

SCHWIERIGKEIT 1

GRÖSSE
30 cm x 28 cm

MATERIAL
Woll Butt Topflappengarn Uni (LL 85 m/50 g) in Gelb (Fb 13268), 150 g
Häkelnadel 4,0 mm
Füllwatte
Wollnadel ohne Spitze
ggf. Draht

MASCHENPROBE
fM mit Häkelnd 4,0 mm
19 M und 21 Rd
= 10 cm x 10 cm

ANLEITUNG

Alle Elemente und Zwischenstücke werden durchgängig, d. h. ohne den Faden zu trennen, gehäkelt und ausgestopft. Zur besseren Übersicht sind die Runden der einzelnen Teile aber trotzdem durchnummeriert.

SCHWANZ

Einen Magic-Ring anfertigen und weiter in Spiral-Rd arb.
1. Rd: 4 fM in den Ring häkeln (= 4 M).
2. Rd: Jede fM verdoppeln (= 8 M).
3.-4. Rd: Jeweils 8 fM häkeln.
Die Schwanzspitze mit Watte ausstopfen.
5. Rd: Immer 2 fM zusammen abmaschen (= 4 M).
6.-16. Rd: Jeweils 4 fM häkeln.
17. Rd: Jede fM verdoppeln (= 8 M).
18. Rd: Jede fM verdoppeln (= 16 M).
19.-22. Rd: Jeweils 16 fM häkeln.
Den Schwanz mit Watte ausstopfen.
23. Rd: Immer 2 fM zusammen abmaschen (= 8 M).
24. Rd: Immer 2 fM zusammen abmaschen (= 4 M).

1. ZWISCHENSTÜCK

1.-3. Rd: Jeweils 4 fM häkeln.

1. BEIN

1. Rd: Jede fM verdoppeln (= 8 M).
2. Rd: Jede fM verdoppeln (= 16 M).
3. Rd: * 1 fM, 1 fM verdoppeln, ab * noch 7x wdh (= 24 M).
4.-17. Rd: Jeweils 24 fM häkeln.
18. Rd: * 1 fM, 2 fM zusammen abmaschen, ab * noch 7x wdh (= 16 M).
Das Bein mit Watte ausstopfen.
19. Rd: Immer 2 fM zusammen abmaschen (= 8 M).
20. Rd: Immer 2 fM zusammen abmaschen (= 4 M).

2. ZWISCHENSTÜCK

1.-3. Rd: Jeweils 4 fM häkeln.

2. BEIN

Das 2. Bein wie das 1. Bein häkeln.

3. ZWISCHENSTÜCK

1.-3. Rd: Jeweils 4 fM häkeln.

KÖRPER

1. Rd: Jede fM verdoppeln (= 8 M).
2. Rd: Jede fM verdoppeln (= 16 M).
3. Rd: * 1 fM, 1 fM verdoppeln, ab * noch 7x wdh (= 24 M).
4.-13. Rd: Jeweils 24 fM häkeln.
14. Rd: * 1 fM, 2 fM zusammen abmaschen, ab * noch 7x wdh (= 16 M).
Den Körper mit Watte ausstopfen.
15. Rd: Immer 2 fM zusammen abmaschen (= 8 M).
16. Rd: Immer 2 fM zusammen abmaschen (= 4 M).

4. ZWISCHENSTÜCK

1.-3. Rd: Jeweils 4 fM häkeln.

3. BEIN

1. Rd: Jede fM verdoppeln (= 8 M).
2. Rd: Jede fM verdoppeln (= 16 M).
3. Rd: * 1 fM, 1 fM verdoppeln, ab * noch 7x wdh (= 24 M).
4.-21. Rd: Jeweils 24 fM häkeln.

22. Rd: * 1 fM, 2 fM zusammen abmaschen, ab * noch 7x wdh (= 16 M).
Das Bein mit Watte ausstopfen.
23. Rd: Immer 2 fM zusammen abmaschen (= 8 M).
24. Rd: Immer 2 fM zusammen abmaschen (= 4 M).

5. ZWISCHENSTÜCK

1.-3. Rd: Jeweils 4 fM häkeln.

4. BEIN

Das 4. Bein wie das 3. Bein häkeln.

6. ZWISCHENSTÜCK

1.-3. Rd: Jeweils 4 fM häkeln.

HALS

1. Rd: Jede fM verdoppeln (= 8 M).
2. Rd: Jede fM verdoppeln (= 16 M).
3. Rd: * 1 fM, 1 fM verdoppeln, ab * noch 7x wdh (= 24 M).
4.-29. Rd: Jeweils 24 fM häkeln.
30. Rd: * 1 fM, 2 fM zusammen abmaschen, ab * noch 7x wdh (= 16 M).
Den Hals mit Watte ausstopfen.
31. Rd: Immer 2 fM zusammen abmaschen (= 8 M).
32. Rd: Immer 2 fM zusammen abmaschen (= 4 M).

7. ZWISCHENSTÜCK

1.-3. Rd: Jeweils 4 fM häkeln.

1. OHR

1. Rd: Jede fM verdoppeln (= 8 M).
2. Rd: Jede fM verdoppeln (= 16 M).
3. Rd: * 1 fM, 1 fM verdoppeln, ab * noch 7x wdh (= 24 M).
4.-8. Rd: Jeweils 24 fM häkeln.
9. Rd: * 1 fM, 2 fM zusammen abmaschen, ab * noch 7x wdh (= 16 M).
Das Ohr nur leicht mit Watte ausstopfen, so dass es weich bleibt.
10. Rd: Immer 2 fM zusammen abmaschen (= 8 M).
11. Rd: Immer 2 fM zusammen abmaschen (= 4 M).

8. ZWISCHENSTÜCK

1.-3. Rd: Jeweils 4 fM häkeln.

2. OHR

Das 2. Ohr wie das 1. Ohr häkeln.

9. ZWISCHENSTÜCK

1.-3. Rd: Jeweils 4 fM häkeln.

KOPF

1. Rd: Jede fM verdoppeln (= 8 M).
2. Rd: Jede fM verdoppeln (= 16 M).
3. Rd: * 1 fM, 1 fM verdoppeln, ab * noch 7x wdh (= 24 M).
4.-12. Rd: Jeweils 24 fM häkeln.
13. Rd: * 1 fM, 2 fM zusammen abmaschen, ab * noch 7x wdh (= 16 M).
Den Kopf mit Watte ausstopfen.
14. Rd: Immer 2 fM zusammen abmaschen (= 8 M).
15. Rd: Immer 2 fM zusammen abmaschen (= 4 M).

SCHNAUZE

1.-2. Rd: Jeweils 4 fM häkeln.
3. Rd: Jede fM verdoppeln (= 8 M).
Mit 1 Km in die folgende M schließen. Den Faden abschneiden, durchziehen und vernähen.

FERTIGSTELLEN

Alle Fäden vernähen. Die Ohren am 7. und 9. Zwischenstück um 180° miteinander verdrehen und den Kopf durch die Ohren stecken. Dann die vorderen Beine am 4. und 6. Zwischenstück übereinanderlegen und um 180° miteinander verdrehen. Körper, Hinterbeine (1. und 2. Bein) und Schwanz durch die entstandene Öffnung zwischen den Vorderbeinen ziehen. Zum Schluss die Hinterbeine (1. und 2. Bein) am 1. und 3. Zwischenstück um 180° miteinander verdrehen und den Schwanz durch die entstandene Öffnung führen.

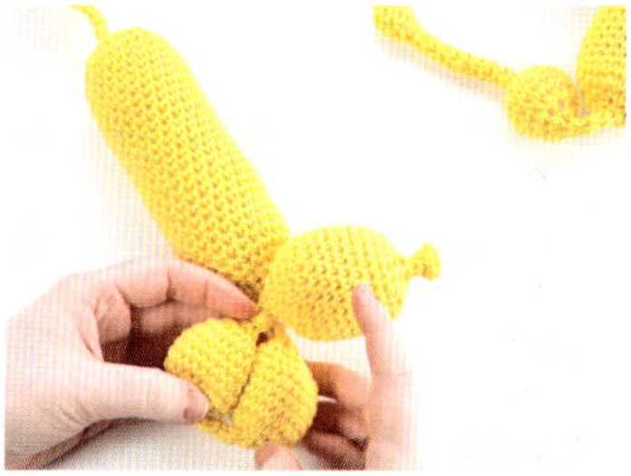

1 Die beiden Ohren nebeneinanderlegen und das 9. und 7. Zwischenstück übereinanderlegen und um 180 ° miteinander verdrehen.

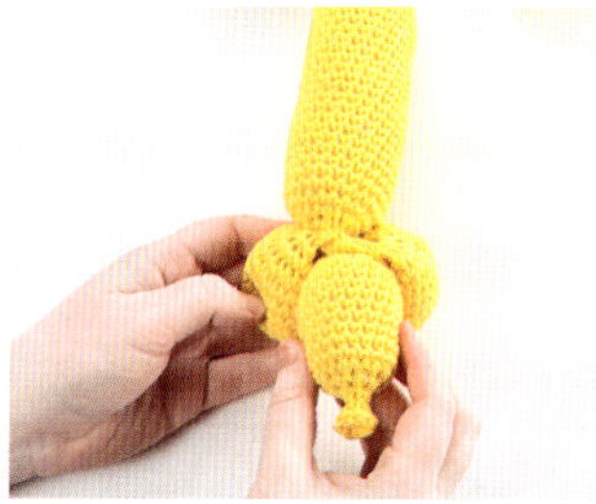

2 Den Kopf durch die entstandene Öffnung zwischen den Ohren ziehen.

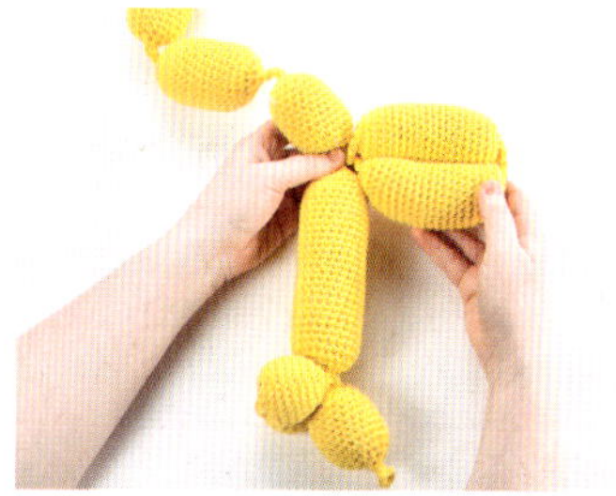

3 Die Vorderbeine (= 3. und 4. Bein) nebeneinanderlegen und das 6. und 4. Zwischenstück übereinanderlegen und um 180 ° miteinander verdrehen.

RICHTIG KNOTEN

SCHAU ES DIR AN!

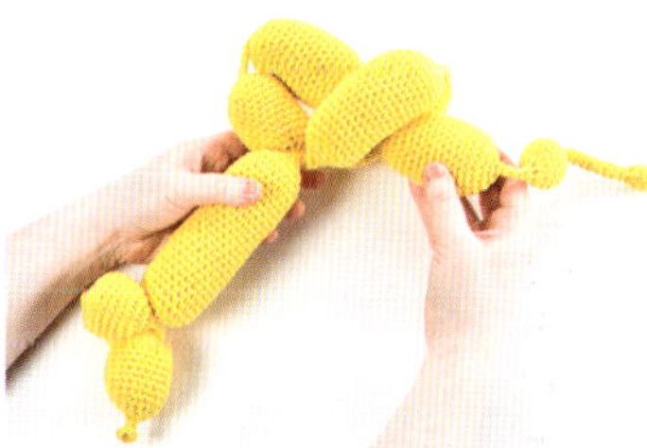

4 Den Körper, die Hinterbeine (= 1. und 2. Bein) und den Schwanz durch die entstandene Öffnung zwischen den Vorderbeinen ziehen.

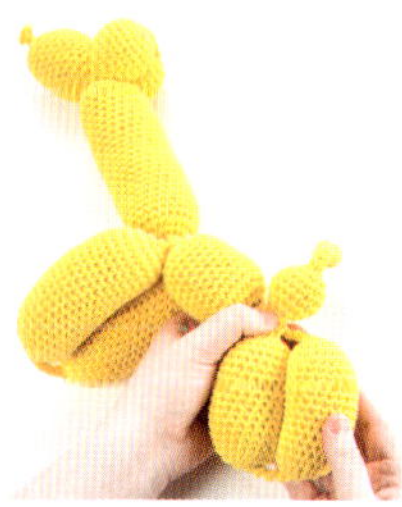

5 Die Hinterbeine (= 1. und 2. Bein) nebeneinanderlegen und das 3. und 1. Zwischenstück übereinanderlegen und um 180 ° miteinander verdrehen.

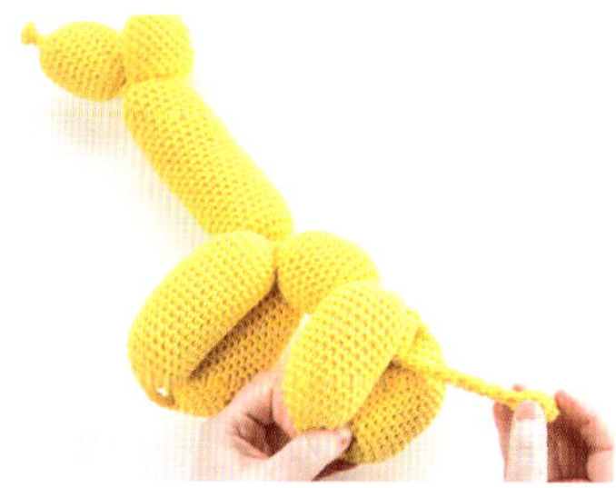

6 Den Schwanz durch die entstandene Öffnung zwischen den Hinterbeinen ziehen.

Super Schlange

LEBT AUF ZUGIGEN FENSTERBÄNKEN

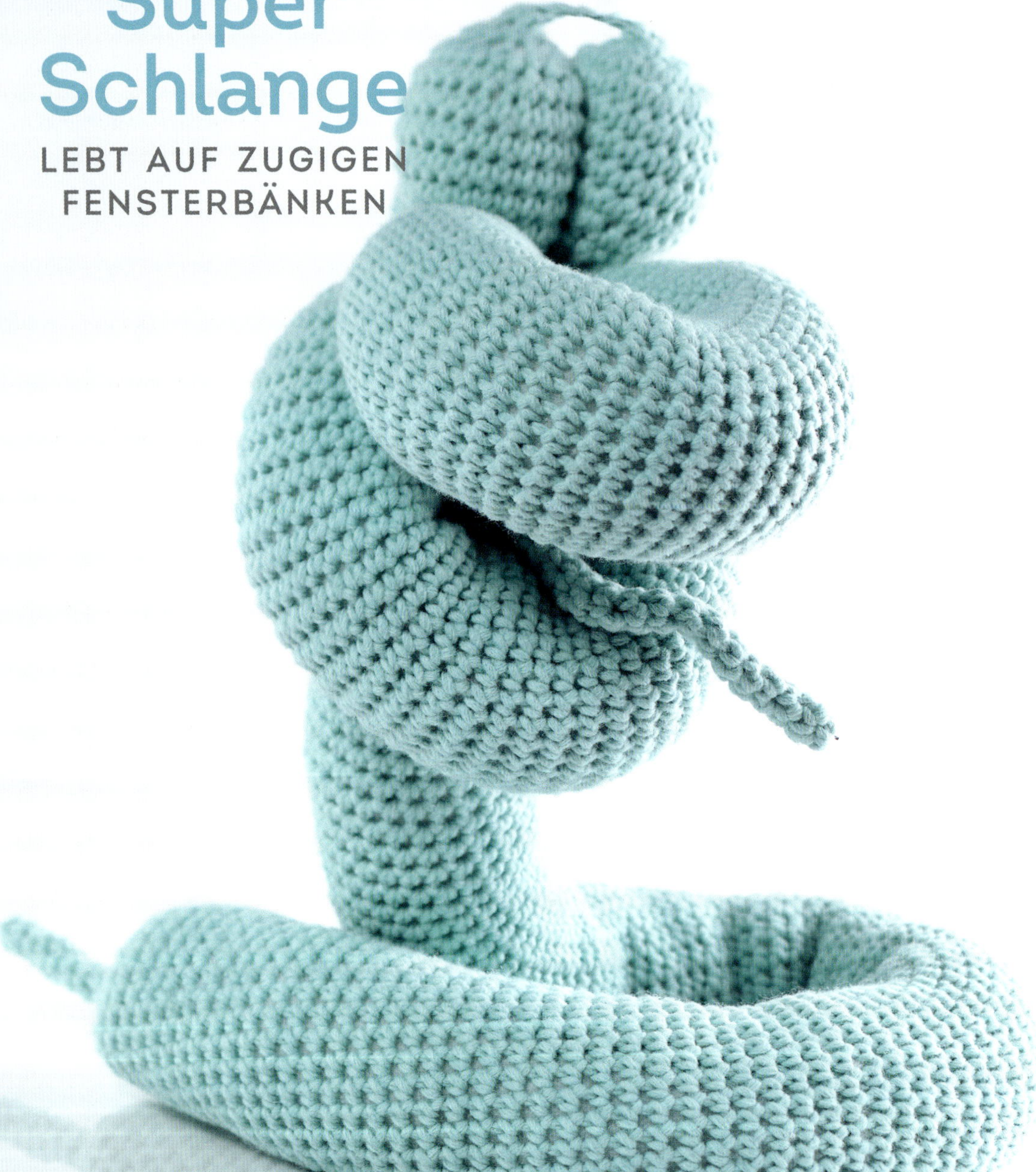

SCHWIERIGKEIT 2

GRÖSSE
28 cm x 118 cm

MATERIAL
Schachenmayr Boston
(LL 55 m/50 g) in
Mint (Fb 66), 400 g
Häkelnadel 6,0 mm
Füllwatte
Wollnadel ohne Spitze
ggf. Draht

MASCHENPROBE
fM mit Häkelnd 6,0 mm
13 M und 13 Rd
= 10 cm x 10 cm

ANLEITUNG

Alle Elemente und Zwischenstücke werden durchgängig, d. h. ohne den Faden zu trennen, gehäkelt und ausgestopft. Die Zunge wird separat gehäkelt. Zur besseren Übersicht sind die Runden der einzelnen Teile aber trotzdem durchnummeriert.

Hinweis: Hier wurde eine kleinere Nadelstärke verwendet, damit das Maschenbild schön fest wird.

KOPF

Einen Magic-Ring anfertigen und weiter in Spiral-Rd häkeln.
1. Rd: 4 fM in den Ring häkeln (= 4 M).
2. Rd: Jede fM verdoppeln (= 8 M).
3. Rd: Jede fM verdoppeln (= 16 M).
4. Rd: * 1 fM, 1 fM verdoppeln, ab * noch 7x wdh (= 24 M).
5.-9. Rd: Jeweils 24 fM häkeln.
10. Rd: * 1 fM, 2 fM zusammen abmaschen, ab * noch 7x wdh (= 16 M).
Den Kopf mit Watte ausstopfen.
11. Rd: Immer 2 fM zusammen abmaschen (= 8 M).
12. Rd: Immer 2 fM zusammen abmaschen (= 4 M).

1. ZWISCHENSTÜCK

1.-3. Rd: Jeweils 4 fM häkeln.

OBERKIEFER

1. Rd: Jede fM verdoppeln (= 8 M).
2. Rd: Jede fM verdoppeln (= 16 M).
3. Rd: * 1 fM, 1 fM verdoppeln, ab * noch 7x wdh (= 24 M).
4.-43. Rd: Jeweils 24 fM häkeln.
44. Rd: * 1 fM, 2 fM zusammen abmaschen, ab * noch 7x wdh (= 16 M).
Den Oberkiefer nach und nach mit Watte ausstopfen. Dabei nicht ganz so fest ausstopfen wie den Rest, damit der Mund später noch biegsam ist.
45. Rd: Immer 2 fM zusammen abmaschen (= 8 M).
46. Rd: Immer 2 fM zusammen abmaschen (= 4 M).

2. ZWISCHENSTÜCK

1.-3. Rd: Jeweils 4 fM häkeln.

1. AUGE

1. Rd: Jede fM verdoppeln (= 8 M).
2. Rd: Jede fM verdoppeln (= 16 M).
3. Rd: * 1 fM, 1 fM verdoppeln, ab * noch 7x wdh (= 24 M).
4.-8. Rd: Jeweils 24 fM häkeln.
9. Rd: * 1 fM, 2 fM zusammen abmaschen, ab * noch 7x wdh (= 16 M).
Das Auge mit Watte ausstopfen.
10. Rd: Immer 2 fM zusammen abmaschen (= 8 M).
11. Rd: Immer 2 fM zusammen abmaschen (= 4 M).

3. ZWISCHENSTÜCK

Achtung: Dieses Zwischenstück hat 4 Rd.
1.-4. Rd: Jeweils 4 fM häkeln.

2. AUGE

Das 2. Auge wie das 1. Auge häkeln.

4. ZWISCHENSTÜCK

1.-3. Rd: Jeweils 4 fM häkeln.

UNTERKIEFER

1. Rd: Jede fM verdoppeln (= 8 M).
2. Rd: Jede fM verdoppeln (= 16 M).
3. Rd: * 1 fM, 1 fM verdoppeln, ab * noch 7x wdh (= 24 M).
4.-43. Rd: Jeweils 24 fM häkeln.
44. Rd: * 1 fM, 2 fM zusammen abmaschen, ab * noch 7x wdh (= 16 M).
Den Unterkiefer nach und nach mit Watte ausstopfen. Dabei nicht ganz so fest ausstopfen wie den Rest, damit der Mund später noch biegsam ist.
45. Rd: Immer 2 fM zusammen abmaschen (= 8 M).
46. Rd: Immer 2 fM zusammen abmaschen (= 4 M).

5. ZWISCHENSTÜCK

1.-3. Rd: Jeweils 4 fM häkeln.

KÖRPER

1. Rd: Jede fM verdoppeln (= 8 M).
2. Rd: Jede fM verdoppeln (= 16 M).
3. Rd: * 1 fM, 1 fM verdoppeln, ab * noch 7x wdh (= 24 M).
4.-113. Rd: Jeweils 24 fM häkeln.
114. Rd: * 1 fM, 2 fM zusammen abmaschen, ab * noch 7x wdh (= 16 M).
Den Körper nach und nach mit Watte ausstopfen.
115. Rd: Immer 2 fM zusammen abmaschen (= 8 M).
116. Rd: Immer 2 fM zusammen abmaschen (= 4 M).

SCHWÄNZCHEN

1.-9. Rd: Jeweils 4 fM häkeln.
Mit 1 Km in die folgende M schließen. Den Faden abschneiden, durchziehen und vernähen.

ZUNGE

Einen Magic-Ring anfertigen und weiter in Spiral-Rd häkeln.
1. Rd: 4 fM in den Ring häkeln (= 4 M).
2.-26. Rd: Jeweils 4 fM häkeln.
Mit 1 Km in die folgende M schließen. Den Faden durchziehen, trennen und lang abschneiden.

FERTIGSTELLEN

Alle Fäden vernähen. Das 2. und 4. Zwischenstück um 180° miteinander verdrehen, so dass die Augen entstehen. Den Oberkiefer biegen. Den Kopf von hinten durch die Augen und dann durch den Oberkiefer ziehen. Dann den Unterkiefer biegen, dafür das 5. Zwischenstück zum 4. führen und um das 1. Zwischenstück hinter dem Kopf wickeln. Nun den Körper durch die Augen und beide Kiefer ziehen. Zum Schluss die Zunge in den Mund nähen. Ggf. einzelne Elemente mit einigen Stichen miteinander fixieren, damit die Figur mehr Stabilität bekommt. Zusätzlich kann man die Form von innen mit Draht verstärken.

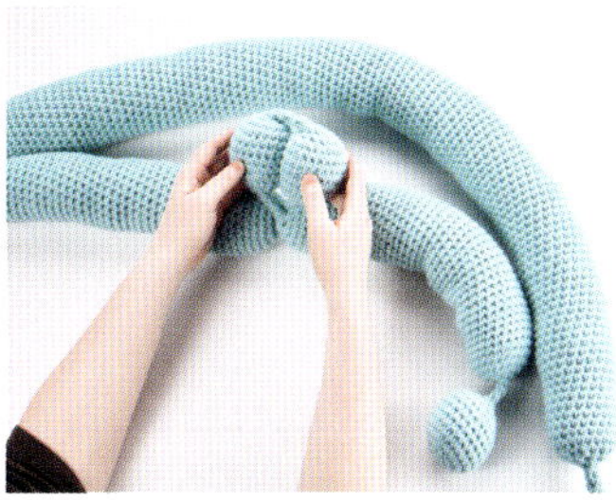

1 Die beiden Augen nebeneinanderlegen und das 2. und 4. Zwischenstück um 180° miteinander verdrehen.

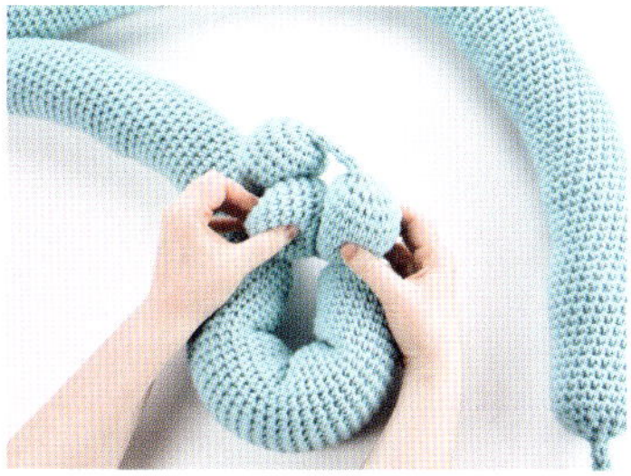

2 Den Oberkiefer biegen. Den Kopf durch die entstandene Öffnung von hinten durch die Augen und dann durch den Oberkörper ziehen.

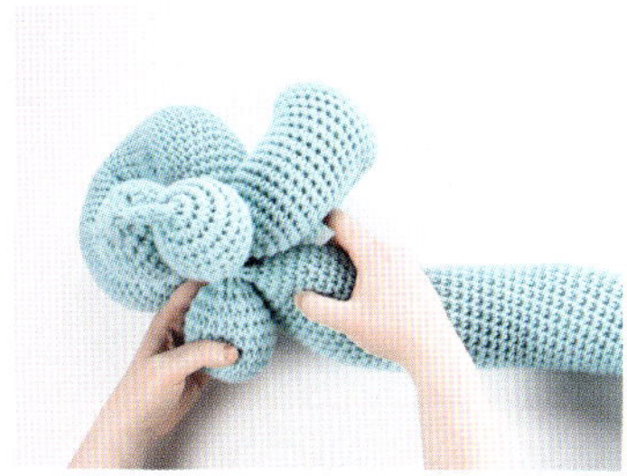

3 Den Unterkiefer biegen, dafür das 5. Zwischenstück zum 4. Zwischenstück führen und einmal um das 1. Zwischenstück hinter dem Kopf wickeln.

RICHTIG KNOTEN

SCHAU ES DIR AN!

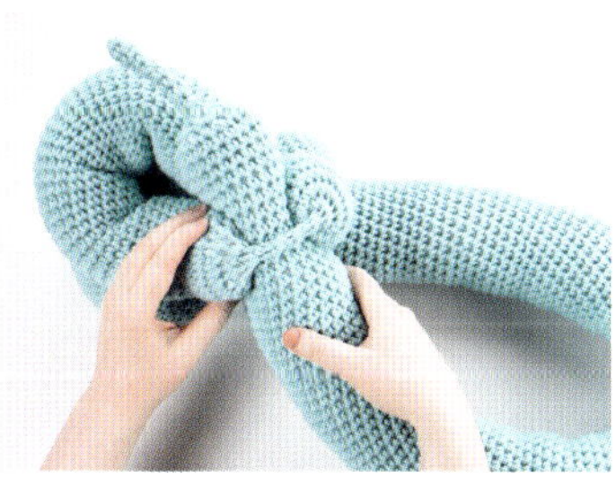

4 Den Körper durch die Öffnung zwischen den Augen führen.

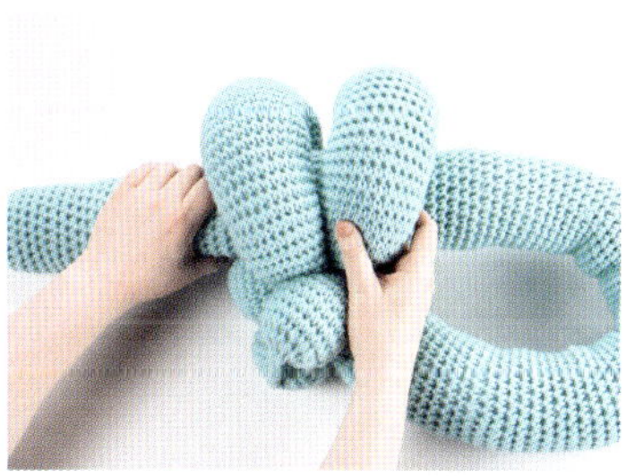

5 Dann den Körper von oben durch die beiden Schlaufen von Oberkiefer und Unterkiefer führen.

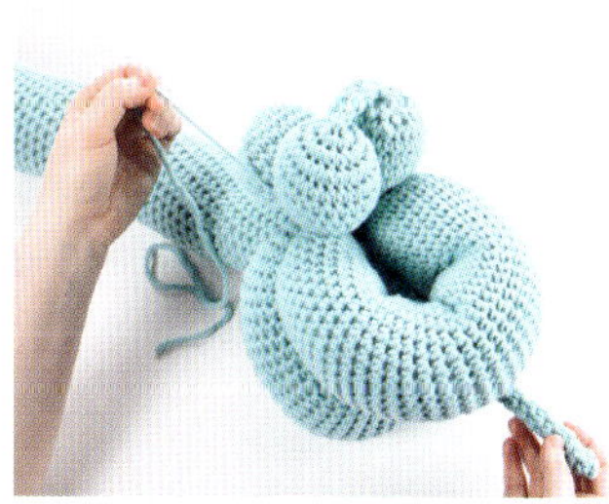

6 Abschließend noch die Zunge im Maul der Schlange platzieren und am Kopf festnähen.

Süßer Klammer-Affe

BEVORZUGT BANANEN

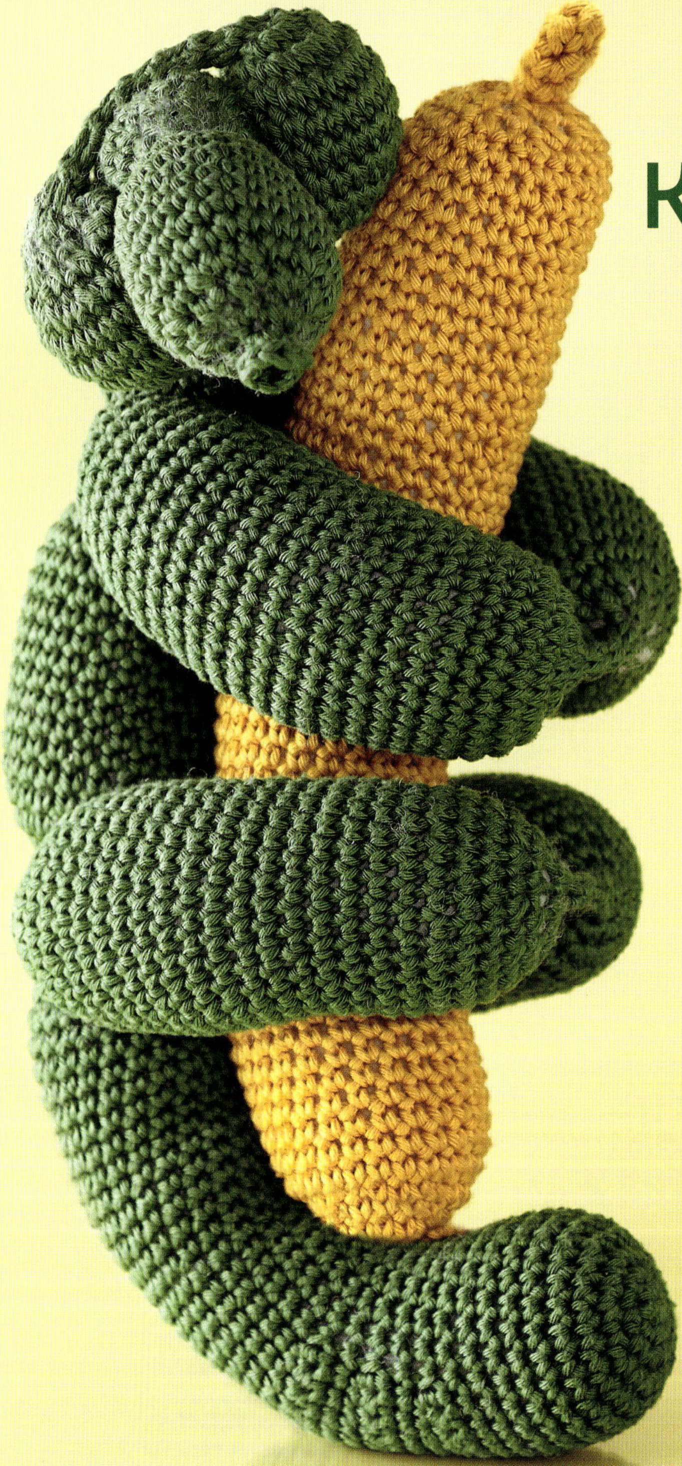

SCHWIERIGKEIT 3

GRÖSSE
Affe (ohne Schwanz):
18 cm x 26 cm
Banane: 6 cm x 33 cm

MATERIAL
Schachenmayr Catania Grande (LL 63 m/50 g) in Oliv (Fb 3392), 250 g und Gold (Fb 3249), 50 g
Häkelnadel 4,0 mm
ggf. Maschenmarkierer
Füllwatte
Wollnadel ohne Spitze
ggf. Draht

MASCHENPROBE
fM mit Häkelnd 4,0 mm
18 M und 20 Rd
= 10 cm x 10 cm

ANLEITUNG

Alle Elemente und Zwischenstücke des Affen werden durchgängig, d. h. ohne den Faden zu trennen, gehäkelt und ausgestopft. Die Banane wird separat gehäkelt. Zur besseren Übersicht sind die Runden der einzelnen Teile aber trotzdem durchnummeriert.

SCHWANZ

In Oliv einen Magic-Ring anfertigen und weiter in Spiral-Rd häkeln.
1. Rd: 4 fM in den Ring häkeln (= 4 M).
2. Rd: Jede fM verdoppeln (= 8 M).
3. Rd: Jede fM verdoppeln (= 16 M).
4. Rd: * 1 fM, 1 fM verdoppeln, ab * noch 7x wdh (= 24 M).
5.-10. Rd: Jeweils 24 fM häkeln.
11. Rd: 18 fM häkeln. Wer mag, kann nach 6 M einen M-Markierer setzen. Die Arbeit wenden und 12 fM zurück häkeln, die Arbeit erneut wenden und weitere 12 fM häkeln. Weiter 6 fM auf der ursprünglichen Rd bis zum Rd-Ende häkeln, dabei die entstandene Kante locker übergehen (= 24 M).
12. Rd: 24 fM häkeln, dabei die beiden entstandenen Kanten locker übergehen.
13.-16. Rd: Die 11. und 12. Rd noch 2x wdh.
Den Schwanz mit Watte ausstopfen.
17.-36. Rd: Jeweils 24 fM häkeln.
Den Schwanz nach und nach mit Watte ausstopfen.
37. Rd: * 1 fM, 2 fM zusammen abmaschen, ab * noch 7x wdh (= 16 M).
38. Rd: Immer 2 fM zusammen abmaschen (= 8 M).
39. Rd: Immer 2 fM zusammen abmaschen (= 4 M).

1. ZWISCHENSTÜCK

1.-3. Rd: Jeweils 4 fM häkeln.

1. BEIN

1. Rd: Jede fM verdoppeln (= 8 M).
2. Rd: Jede fM verdoppeln (= 16 M).
3. Rd: * 1 fM, 1 fM verdoppeln, ab * noch 7x wdh (= 24 M).
4.-25. Rd: Jeweils 24 fM häkeln.
26. Rd: * 1 fM, 2 fM zusammen abmaschen, ab * noch 7x wdh (= 16 M).
Das Bein mit Watte ausstopfen.
27. Rd: Immer 2 fM zusammen abmaschen (= 8 M).
28. Rd: Immer 2 fM zusammen abmaschen (= 4 M).

2. ZWISCHENSTÜCK

1.-3. Rd: Jeweils 4 fM häkeln.

2. BEIN

Das 2. Bein wie das 1. Bein häkeln.

3. ZWISCHENSTÜCK

1.-3. Rd: Jeweils 4 fM häkeln.

KÖRPER

1. Rd: Jede fM verdoppeln (= 8 M).
2. Rd: Jede fM verdoppeln (= 16 M).

3. Rd: * 1 fM, 1 fM verdoppeln, ab * noch 7x wdh (= 24 M).
4.-18. Rd: Jeweils 24 fM häkeln.
19. Rd: * 1 fM, 2 fM zusammen abmaschen, ab * noch 7x wdh (= 16 M).
Den Körper mit Watte ausstopfen.
20. Rd: Immer 2 fM zusammen abmaschen (= 8 M).
21. Rd: Immer 2 fM zusammen abmaschen (= 4 M).

4. ZWISCHENSTÜCK

1.-3. Rd: Jeweils 4 fM häkeln.

1. ARM

1. Rd: Jede fM verdoppeln (= 8 M).
2. Rd: Jede fM verdoppeln (= 16 M).
3. Rd: * 1 fM, 1 fM verdoppeln, ab * noch 7x wdh (= 24 M).
4.-25. Rd: Jeweils 24 fM häkeln.
26. Rd: * 1 fM, 2 fM zusammen abmaschen, ab * noch 7x wdh (= 16 M).
Den Arm mit Watte ausstopfen.
27. Rd: Immer 2 fM zusammen abmaschen (= 8 M).
28. Rd: Immer 2 fM zusammen abmaschen (= 4 M).

5. ZWISCHENSTÜCK

1.-3. Rd: Jeweils 4 fM häkeln.

2. ARM

Den 2. Arm wie den 1. Arm häkeln.

6. ZWISCHENSTÜCK

1.-3. Rd: Jeweils 4 fM häkeln.

HALS

1. Rd: Jede fM verdoppeln (= 8 M).
2. Rd: Jede fM verdoppeln (= 16 M).
3. Rd: * 1 fM, 1 fM verdoppeln, ab * noch 7x wdh (= 24 M).
4.-8. Rd: Jeweils 24 fM häkeln.
9. Rd: * 1 fM, 2 fM zusammen abmaschen, ab * noch 7x wdh (= 16 M).
Den Hals mit Watte ausstopfen.
10. Rd: Immer 2 fM zusammen abmaschen (= 8 M).
11. Rd: Immer 2 fM zusammen abmaschen (= 4 M).

7. ZWISCHENSTÜCK

1.-3. Rd: Jeweils 4 fM häkeln.

1. OHR

1. Rd: Jede fM verdoppeln (= 8 M).
2. Rd: Jede fM verdoppeln (= 16 M).
3. Rd: * 1 fM, 1 fM verdoppeln, ab * noch 7x wdh (= 24 M).
4.-7. Rd: Jeweils 24 fM häkeln.
8. Rd: * 1 fM, 2 fM zusammen abmaschen, ab * noch 7x wdh (= 16 M).
Das Ohr mit Watte ausstopfen.
9. Rd: Immer 2 fM zusammen abmaschen (= 8 M).
10. Rd: Immer 2 fM zusammen abmaschen (= 4 M).

8. ZWISCHENSTÜCK

Achtung: Dieses Zwischenstück hat 6 Rd.
1.-6. Rd: Jeweils 4 fM häkeln.

2. OHR

Das 2. Ohr wie das 1. Ohr häkeln.

9. ZWISCHENSTÜCK

1.-3. Rd: Jeweils 4 fM häkeln.

KOPF

1. Rd: Jede fM verdoppeln (= 8 M).
2. Rd: Jede fM verdoppeln (= 16 M).
3. Rd: * 1 fM, 1 fM verdoppeln, ab * noch 7x wdh (= 24 M).
4.-9. Rd: Jeweils 24 fM häkeln.
10. Rd: * 1 fM, 2 fM zusammen abmaschen, ab * noch 7x wdh (= 16 M).
Den Kopf mit Watte ausstopfen.
11. Rd: Immer 2 fM zusammen abmaschen (= 8 M).
12. Rd: Immer 2 fM zusammen abmaschen (= 4 M).
Achtung: Hier wird kein Zwischenstück gehäkelt!

SCHNAUZE

1. Rd: Jede fM verdoppeln (= 8 M).
2. Rd: Jede fM verdoppeln (= 16 M).
3. Rd: * 1 fM, 1 fM verdoppeln, ab * noch 7x wdh (= 24 M).
4.-9. Rd: Jeweils 24 fM häkeln.
10. Rd: * 1 fM, 2 fM zusammen abmaschen, ab * noch 7x wdh (= 16 M).

Die Schnauze mit Watte ausstopfen.
11. Rd: Immer 2 fM zusammen abmaschen (= 8 M).
12. Rd: Immer 2 fM zusammen abmaschen (= 4 M).
13. Rd: 4 fM häkeln.
14. Rd: Jede fM verdoppeln (= 8 M).
Mit 1 Km in die folgende M schließen. Den Faden abschneiden, durchziehen und vernähen.

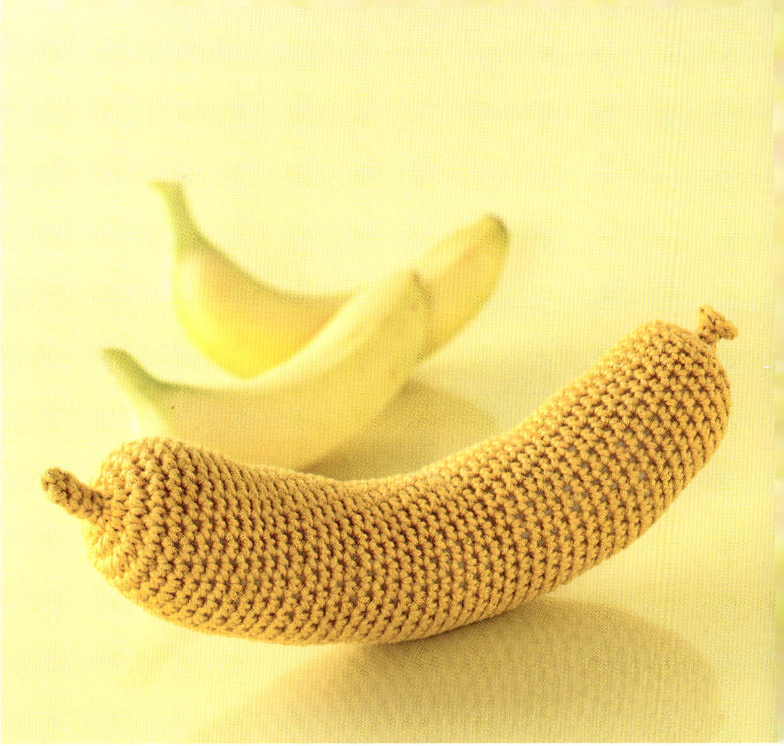

BANANE

In Gold einen Magic-Ring anfertigen und weiter in Spiral-Rd häkeln.
1. Rd: 4 fM in den Ring häkeln (= 4 M).
2.-5. Rd: Jeweils 4 fM häkeln.
6. Rd: Jede fM verdoppeln (= 8 M).
7. Rd: Jede fM verdoppeln (= 16 M).
8. Rd: * 1 fM, 1 fM verdoppeln, ab * noch 7x wdh (= 24 M).
9.-45. Rd: Jeweils 24 fM häkeln.

Hinweis: Hier nur so viele Rd häkeln, bis das Knäuel fast aufgebraucht ist, damit man mit 50 g Garn auskommt.

Die Banane nach und nach mit Watte ausstopfen.
46. Rd: * 1 fM, 2 fM zusammen abmaschen, ab * noch 7x wdh (= 16 M).
47. Rd: Immer 2 fM zusammen abmaschen (= 8 M).
48. Rd: Immer 2 fM zusammen abmaschen (= 4 M).
49.-50. Rd: Jeweils 4 fM häkeln.
51. Rd: Jede fM verdoppeln (= 8 M).
Mit 1 Km in die folgende M schließen. Den Faden abschneiden, durchziehen und vernähen.

FERTIGSTELLEN

Alle Fäden vernähen. Für die Beine das 1. und 3. Zwischenstück übereinanderlegen und um 180° miteinander verdrehen. Den Schwanz durch die Beine stecken. Dann für die Arme das 4. und 6. Zwischenstück übereinanderlegen und um 180° miteinander verdrehen. Dann Hals, Ohren, Kopf und Schnauze durch die Arme ziehen. Zum Schluss für die Ohren das 7. und 9. Zwischenstück übereinanderlegen, miteinander verdrehen und den Kopf mit der Schnauze durchstecken. Den Kopf zwischen beide Ohren stecken, so dass das lange Zwischenstück der Ohren über den Kopf geht. Den Schwanz in Form biegen. Ggf. einzelne Elemente mit einigen Stichen miteinander fixieren, damit die Figur mehr Stabilität bekommt. Zusätzlich kann man die Form von innen mit Draht verstärken. Zum Schluss die Banane zwischen Arme und Beine stecken.

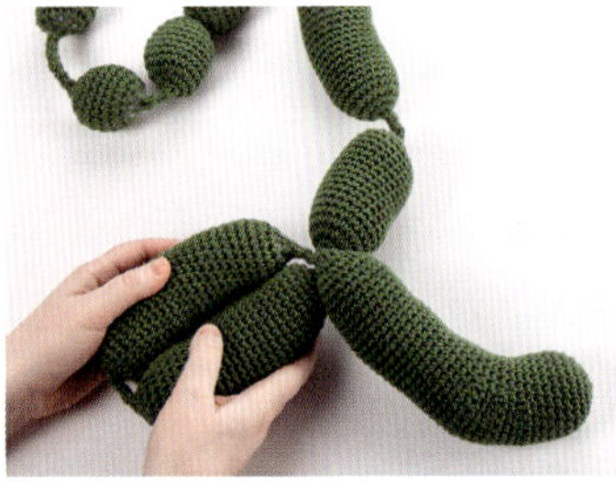

1 Das 1. und 2. Bein nebeneinanderlegen und das 1. und 3. Zwischenstück um 180° miteinander verdrehen.

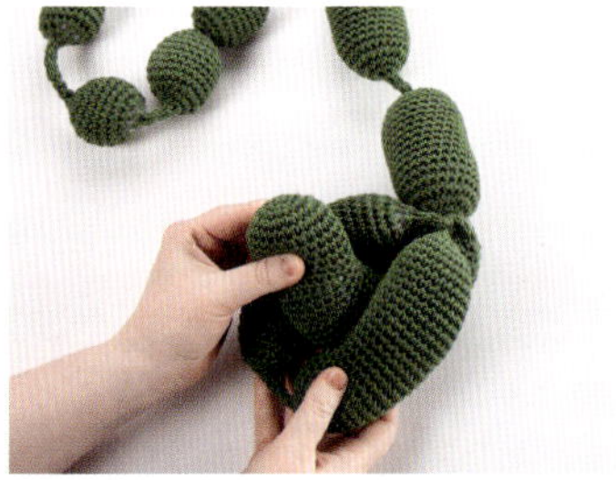

2 Den Schwanz durch die Öffnung zwischen dem 1. und 2. Bein ziehen.

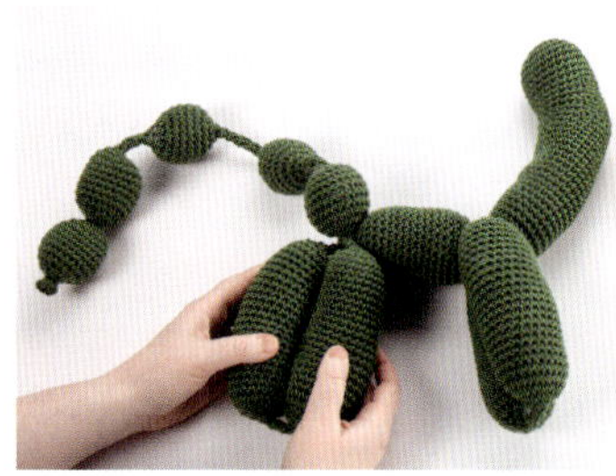

3 Die Arme nebeneinanderlegen und das 4. und 6. Zwischenstück um 180° miteinander verdrehen.

RICHTIG KNOTEN

SCHAU ES DIR AN!

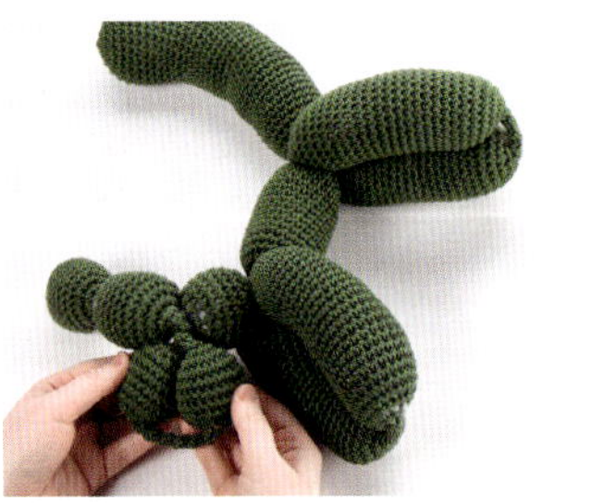

4 Hals, Ohren, Kopf und Schnauze durch die Öffnung zwischen den Armen ziehen.

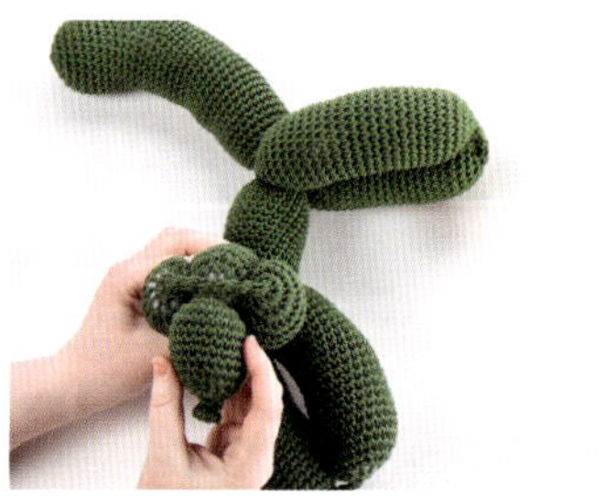

5 Die Ohren nebeneinanderlegen, das 7. und 9. Zwischenstück um 180° miteinander verdrehen.

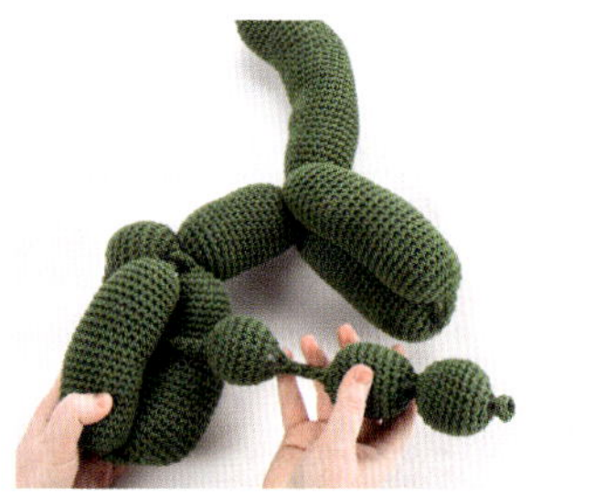

6 Die Schnauze durch die Öffnung zwischen den Ohren ziehen, den Kopf zwischen den Ohren positionieren, das 8. Zwischenstück liegt auf dem Kopf auf.

Tipp: Abschließend die Banane zwischen die Beine des Affen schieben (siehe großes Foto).

Einhorn und Pferd

ZWEI FREUNDE AUF ACHT HUFEN

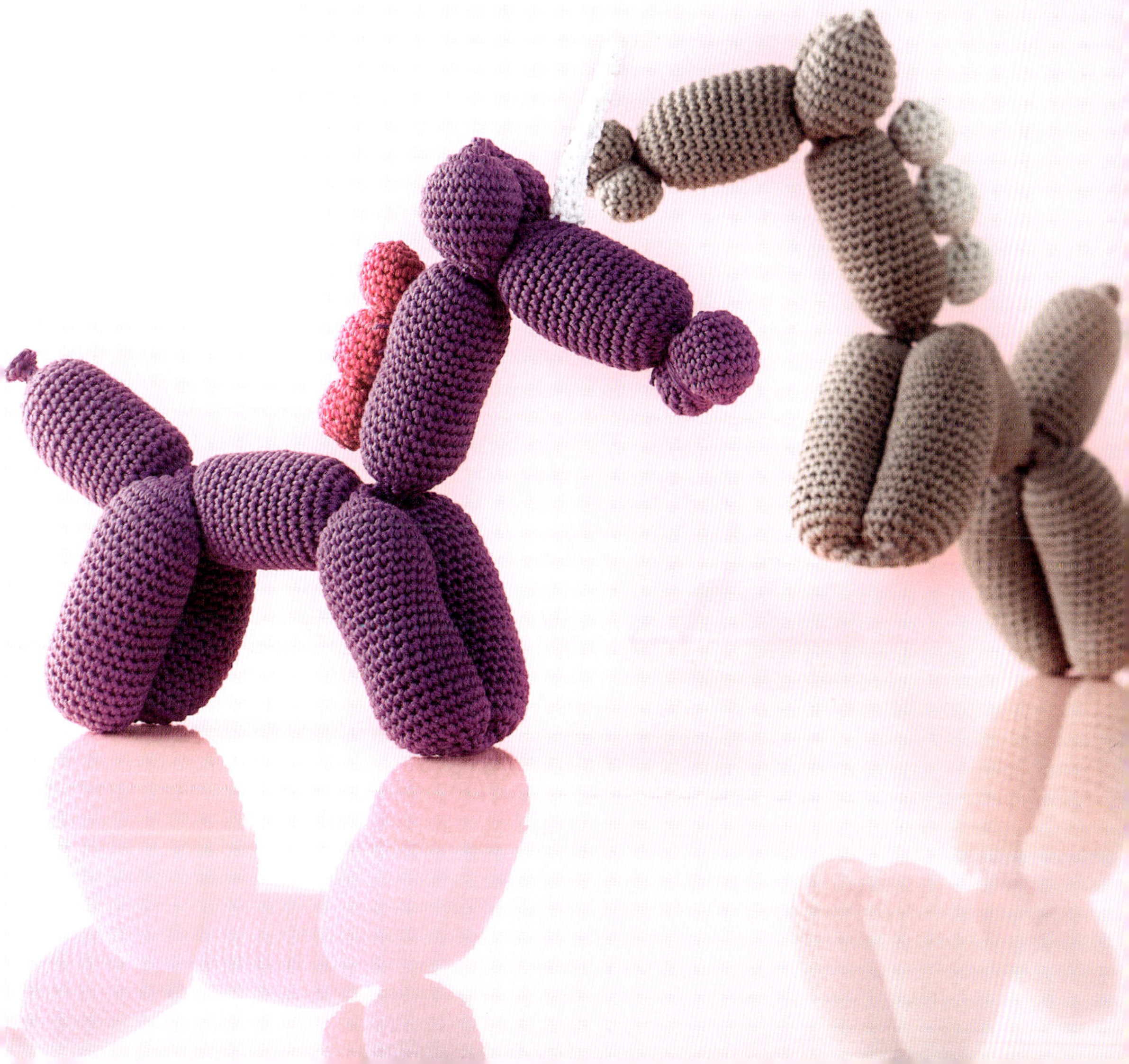

SCHWIERIGKEIT 3

GRÖSSE
38 cm x 28 cm
Die Angaben für das Einhorn stehen vor dem Schrägstrich, die Angaben für das Pferd stehen nach dem Schrägstrich.

MATERIAL
Schachenmayr Catania Grande (LL 63 m/50 g) in Clematis (Fb 3282)/ Taupe (Fb 3254), 250 g, in Cyclam (Fb 3114)/ Leinen (Fb 3248), 50 g und in Weiß (Fb 3106), Reste
Häkelnadel 4,0 mm
Füllwatte
Wollnadel ohne Spitze
ggf. Draht

MASCHENPROBE
fM mit Häkelnd 4,0 mm
18 M und 20 Rd
= 10 cm x 10 cm

ANLEITUNG

Alle Elemente und Zwischenstücke werden durchgängig, d. h. ohne den Faden zu trennen, gehäkelt und ausgestopft. Mähne und Horn werden separat gehäkelt. Zur besseren Übersicht sind die Runden der einzelnen Teile aber trotzdem durchnummeriert. Mähne und Einhorn werden separat gehäkelt.

SCHNAUZE

In Clematis/Taupe einen Magic-Ring anfertigen und wie folgt in Spiral-Rd arb.
1. Rd: 4 fM in den Ring häkeln (= 4 M).
2. Rd: Jede fM verdoppeln (= 8 M).
3. Rd: Jede fM verdoppeln (= 16 M).
4. Rd: * 1 fM, 1 fM verdoppeln, ab * noch 7x wdh (= 24 M).
5.-9. Rd: Jeweils 24 fM häkeln.
10. Rd: * 1 fM, 2 fM zusammen abmaschen, ab * noch 7x wdh (= 16 M).
Die Schnauze nur leicht mit Watte ausstopfen, so dass diese weicher ist.
11. Rd: Immer 2 fM zusammen abmaschen (= 8 M).
12. Rd: Immer 2 fM zusammen abmaschen (= 4 M).

KOPF

1. Rd: Jede fM verdoppeln (= 8 M).
2. Rd: Jede fM verdoppeln (= 16 M).
3. Rd: * 1 fM, 1 fM verdoppeln, ab * noch 7x wdh (= 24 M).
4.-16. Rd: Jeweils 24 fM häkeln.
17. Rd: * 1 fM, 2 fM zusammen abmaschen, ab * noch 7x wdh (= 16 M).
Den Kopf mit Watte ausstopfen.
18. Rd: Immer 2 fM zusammen abmaschen (= 8 M).
19. Rd: Immer 2 fM zusammen abmaschen (= 4 M).

1. ZWISCHENSTÜCK

1.-3. Rd: Jeweils 4 fM häkeln.

1. OHR

1. Rd: Jede fM verdoppeln (= 8 M).
2. Rd: Jede fM verdoppeln (= 16 M).
3. Rd: * 1 fM, 1 fM verdoppeln, ab * noch 7x wdh (= 24 M).
4.-8. Rd: Jeweils 24 fM häkeln.
9. Rd: * 1 fM, 2 fM zusammen abmaschen, ab * noch 7x wdh (= 16 M).
Das Ohr mit Watte ausstopfen.
10. Rd: Immer 2 fM zusammen abmaschen (= 8 M).
11. Rd: Immer 2 fM zusammen abmaschen (= 4 M).

2. ZWISCHENSTÜCK

1.-3. Rd: Jeweils 4 fM häkeln.

2. OHR

Das 2. Ohr wie das 1. Ohr häkeln.

3. ZWISCHENSTÜCK

1.-3. Rd: Jeweils 4 fM häkeln.

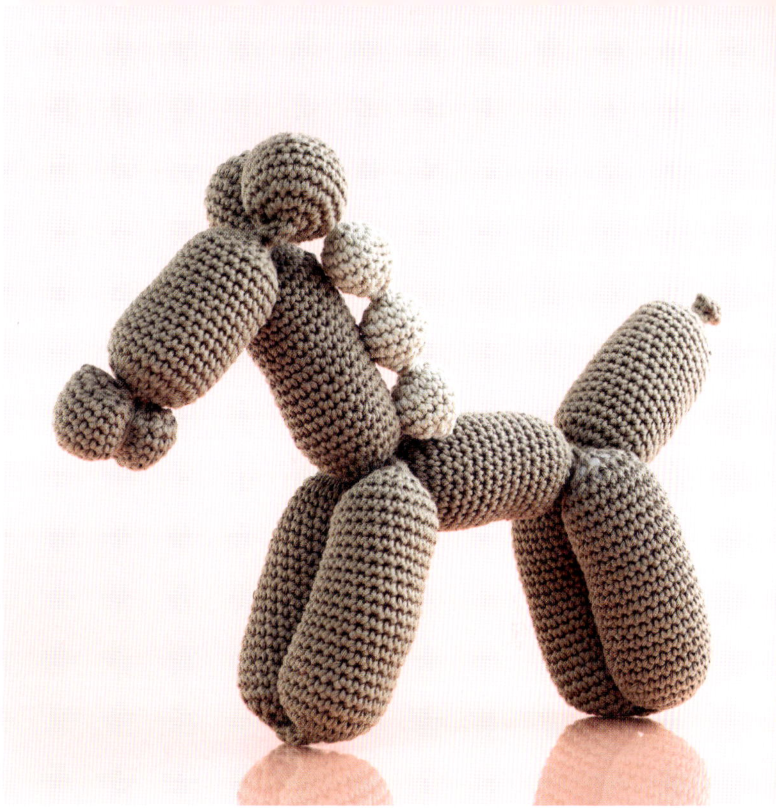

HALS

1. Rd: Jede fM verdoppeln (= 8 M).
2. Rd: Jede fM verdoppeln (= 16 M).
3. Rd: * 1 fM, 1 fM verdoppeln, ab * noch 7x wdh (= 24 M).
4.-20. Rd: Jeweils 24 fM häkeln.
21. Rd: * 1 fM, 2 fM zusammen abmaschen, ab * noch 7x wdh (= 16 M).
Den Hals mit Watte ausstopfen.
22. Rd: Immer 2 fM zusammen abmaschen (= 8 M).
23. Rd: Immer 2 fM zusammen abmaschen (= 4 M).

4. ZWISCHENSTÜCK

1.-3. Rd: Jeweils 4 fM häkeln.

1. BEIN

1. Rd: Jede fM verdoppeln (= 8 M).
2. Rd: Jede fM verdoppeln (= 16 M).
3. Rd: * 1 fM, 1 fM verdoppeln, ab * noch 7x wdh (= 24 M).
4.-22. Rd: Jeweils 24 fM häkeln.
23. Rd: * 1 fM, 2 fM zusammen abmaschen, ab * noch 7x wdh (= 16 M).
Das Bein mit Watte ausstopfen.
24. Rd: Immer 2 fM zusammen abmaschen (= 8 M).
25. Rd: Immer 2 fM zusammen abmaschen (= 4 M).

5. ZWISCHENSTÜCK

1.-3. Rd: Jeweils 4 fM häkeln.

2. BEIN

Das 2. Bein wie das 1. Bein häkeln.

6. ZWISCHENSTÜCK

1.-3. Rd: Jeweils 4 fM häkeln.

KÖRPER

1. Rd: Jede fM verdoppeln (= 8 M).
2. Rd: Jede fM verdoppeln (= 16 M).
3. Rd: * 1 fM, 1 fM verdoppeln, ab * noch 7x wdh (= 24 M).
4.-18. Rd: Jeweils 24 fM häkeln.
19. Rd: * 1 fM, 2 fM zusammen abmaschen, ab * noch 7x wdh (= 16 M).
Den Körper mit Watte ausstopfen.
20. Rd: Immer 2 fM zusammen abmaschen (= 8 M).
21. Rd: Immer 2 fM zusammen abmaschen (= 4 M).

7. ZWISCHENSTÜCK

1.-3. Rd: Jeweils 4 fM häkeln.

3. BEIN

Das 3. Bein wie das 1. Bein häkeln.

8. ZWISCHENSTÜCK

1.-3. Rd: Jeweils 4 fM häkeln.

4. BEIN

Das 4. Bein wie das 1. Bein häkeln.

9. ZWISCHENSTÜCK

1.-3. Rd: Jeweils 4 fM häkeln.

SCHWANZ

1. Rd: Jede fM verdoppeln (= 8 M).
2. Rd: Jede fM verdoppeln (= 16 M).
3. Rd: * 1 fM, 1 fM verdoppeln, ab * noch 7x wdh (= 24 M).
4.-18. Rd: Jeweils 24 fM häkeln.
19. Rd: * 1 fM, 2 fM zusammen abmaschen, ab * noch 7x wdh (= 16 M).
Den Schwanz mit Watte ausstopfen.
20. Rd: Immer 2 fM zusammen abmaschen (= 8 M).
21. Rd: Immer 2 fM zusammen abmaschen (= 4 M).

SCHWANZSPITZE

1.-2. Rd: Jeweils 4 fM häkeln.
3. Rd: Jede fM verdoppeln (= 8 M).
Zum Schluss noch 1 Km in die folgende M häkeln, dann den Faden durchziehen, trennen und vernähen.

MÄHNE

In Cyclam/Leinen einen Magic-Ring anfertigen und wie folgt in Spiral-Rd arb.
1. Rd: 4 fM in den Ring häkeln (= 4 M).
2. Rd: Jede fM verdoppeln (= 8 M).
3. Rd: Jede fM verdoppeln (= 16 M).
4.-6. Rd: Jeweils 16 fM häkeln.
7. Rd: Immer 2 fM zusammen abmaschen (= 8 M).
Die Mähne mit Watte ausstopfen.
8. Rd: Immer 2 fM zusammen abmaschen (= 4 M).
9.-15. Rd: Wie die 2.-8. Rd häkeln.
16.-22. Rd: Wie die 2.-8. Rd häkeln.
Mit 1 Km in die folgende M schließen, dann den Faden lang abschneiden und durchziehen.

HORN (nur Einhorn)

In Weiß einen Magic-Ring anfertigen und wie folgt in Spiral-Rd arb.
1. Rd: 4 fM in den Ring häkeln (= 4 M).
2.-11. Rd: Jeweils 4 fM häkeln.
12. Rd: Die 1. fM verdoppeln, 3 fM (= 5 M).
13.-14. Rd: Jeweils 5 fM häkeln.
15. Rd: Die 1. fM verdoppeln, 4 fM (= 6 M).
16. Rd: 6 fM häkeln.
Mit 1 Km in die folgende M schließen, dann den Faden lang abschneiden und durchziehen.
Das Horn mit Watte ausstopfen.

FERTIGSTELLEN

Alle Fäden vernähen. Für die Nüstern die Schnauze in 2 Teile unterteilen und mit einem Faden in Clematis/Taupe 2-3x umwickeln. Den Faden gut festziehen und vernähen. Die hinteren Beine nebeneinanderlegen und am 7. und 9. Zwischenstück um 180° miteinander verdrehen. Den Schwanz durch die entstandene Öffnung ziehen. Dann die vorderen Beine am 4. und 6. Zwischenstück übereinanderlegen und um 180° miteinander verdrehen. Hals, Ohren, Kopf und Schnauze durch die Beine ziehen. Die Ohren am 1. und 3. Zwischenstück um 180° verdrehen. Kopf und Schnauze durch die Öffnung zwischen den Ohren ziehen. Die Mähne am Rücken annähen, beim Einhorn außerdem das Horn auf der Stirn fixieren. Alle Fäden vernähen.

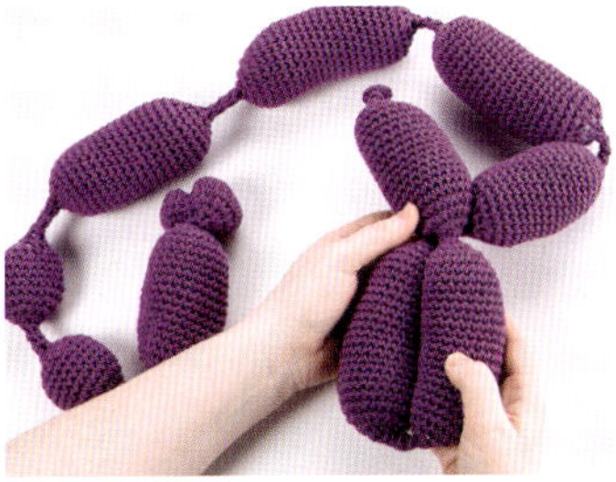

1 Die Hinterbeine (= 3. und 4. Bein) nebeneinanderlegen und das 7. und 9. Zwischenstück übereinanderlegen und um 180° miteinander verdrehen.

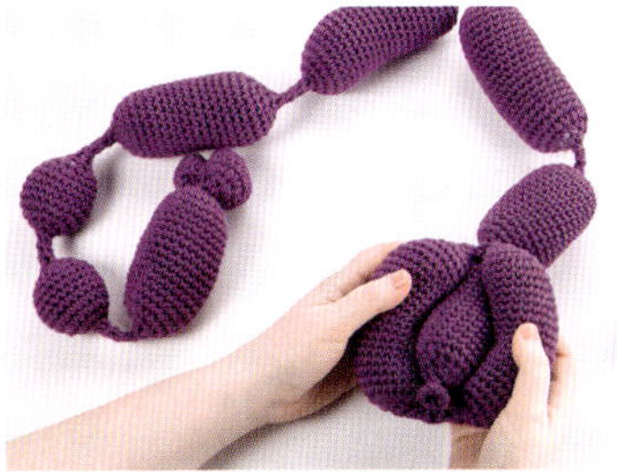

2 Den Schwanz durch die Öffnung zwischen den Hinterbeinen ziehen.

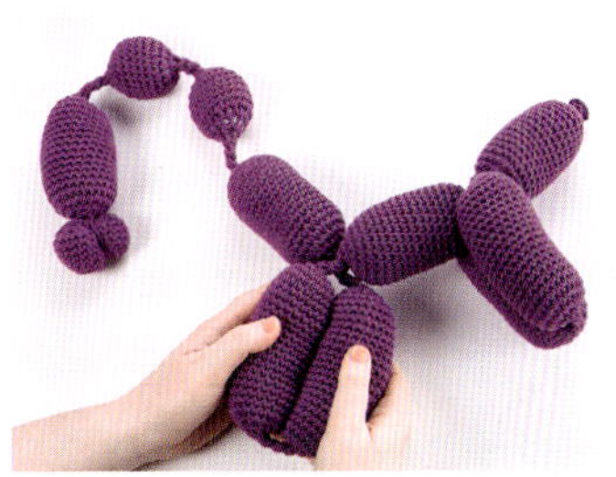

3 Die Vorderbeine (= 1. und 2. Bein) nebeneinanderlegen und das 4. und 6. Zwischenstück übereinanderlegen und um 180° miteinander verdrehen.

RICHTIG KNOTEN

SCHAU ES DIR AN!

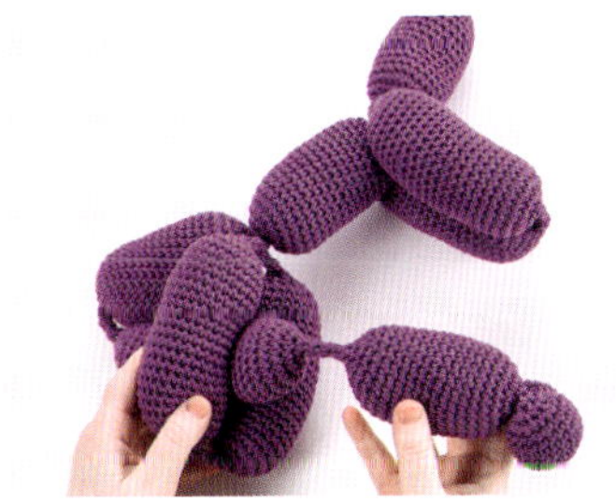

4 Hals, Ohren, Kopf und Schnauze durch die Öffnung zwischen den Vorderbeinen ziehen.

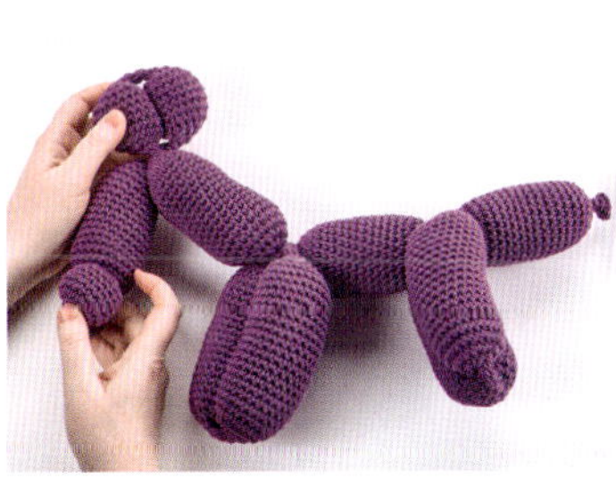

5 Die beiden Ohren nebeneinanderlegen und das 1. und 3. Zwischenstück übereinanderlegen und um 180° miteinander verdrehen. Kopf und Nüstern durch die Öffnung zwischen den Ohren ziehen.

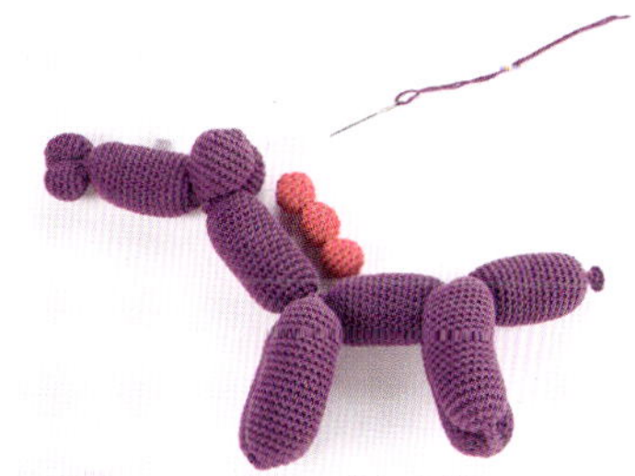

6 Das Horn und die Mähne annähen. Die Mähne am Rücken annähen. Beim Einhorn das Horn auf der Stirn fixieren.

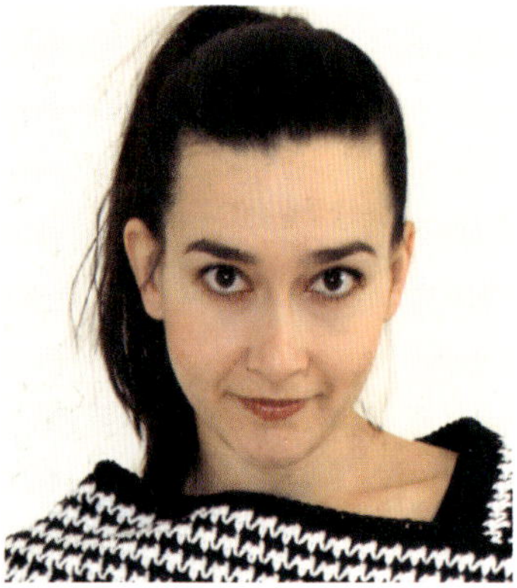

Jennifer Stiller, Jahrgang 1979, ist gelernte Werbekauffrau und hat Grafikdesign studiert. Sie lebt in Düsseldorf und hat mit der Geburt ihrer Tochter die Liebe zur Handarbeit wiederentdeckt. Das Häkeln hat sie schon als kleines Kind von ihrer Großmutter gelernt.

DANKE!

Wir danken den Firmen MEZ GmbH (www.schachenmayr.de), Buttinette (www.buttinette.de) und myboshi GmbH (www.myboshi.net) für die freundliche Unterstützung bei diesem Buch.

MIX
Papier | Fördert gute Waldnutzung
FSC www.fsc.org FSC® C106600

Penguin Random House Verlagsgruppe
FSC® N001967

SERVICE-HOTLINE

Haben Sie Fragen oder gibt es ein Problem? Wir helfen Ihnen gern. Rufen Sie uns an oder schreiben Sie eine E-Mail:

Telefon: 07 11 / 12 37 57 20* *normale Telefongebühren

E-Mail: hilfe@frechverlag.de

Weitere Informationen zum Verlag und zu unserem gesamten Programm finden Sie unter: www.topp-kreativ.de

IMPRESSUM

DOWNLOADCODE ZUM FREISCHALTEN DER VIDEOS: 55440

FOTOS: frechverlag GmbH, 70839 Gerlingen; lichtpunkt, Michael Ruder, Stuttgart

VIDEOPRODUKTION: Ana Cristina Montoya Rodriguez

PRODUKTMANAGEMENT: Mareike Upheber

LEKTORAT: Petra Puster, Niederpöcking

COVER: Eva Hook

LAYOUT: Petra Theilfarth

DRUCK: DZS Grafik, Slowenien

Materialangaben und Arbeitshinweise in diesem Buch wurden von der Autorin und den Mitarbeiter:innen des Verlags sorgfältig geprüft. Eine Garantie wird jedoch nicht übernommen. Autorin und Verlag können für eventuell auftretende Fehler oder Schäden nicht haftbar gemacht werden. Das Werk und die darin gezeigten Modelle sind urheberrechtlich geschützt. Die Vervielfältigung und Verbreitung ist, außer für private, nicht kommerzielle Zwecke, untersagt und wird zivil- und strafrechtlich verfolgt. Dies gilt insbesondere für eine Verbreitung des Werkes durch Fotokopien, Film, Funk und Fernsehen, elektronische Medien und Internet sowie für eine gewerbliche Nutzung der gezeigten Modelle. Bei Verwendung im Unterricht und in Kursen ist auf dieses Buch hinzuweisen.

1. Auflage 2024

© 2024 **frechverlag** GmbH, Dieselstraße 5, 70839 Gerlingen, einem Unternehmen der Penguin Random House Verlagsgruppe GmbH, München

ISBN 978-3-7358-7103-9 • Best.-Nr. 27103